新社会科討論の授業づくり

―思考・理解が深まるテーマ

選

北 俊夫 著

学芸みらい社

まえがき

　授業を参観する機会がたびたびあります。授業で子どもたちの発言を聞いていると、活発に発言しているのですが、気になることがいくつかあります。それは、発言の内容がそれぞれ独立していてつながっていないことです。子どもは教師の発問に応えようと考え、それぞれが発言しているためです。子どもたちは教師を意識して発言しているのです。そのために発言の回数や機会は多くても、発言の質に深まりが見られません。残念なことです。

　そこでの教師と子どもたちとのつながりは、鵜匠の手綱捌きで鮎を追い求める多数の鵜との関係に似ているように思われます。鵜同士の関わりがほとんど見られないからです。学級で話し合いと称して行われている学習活動も、鵜匠と鵜の関係になってはいないでしょうか。

　子ども同士の関わり合いをつくる1つのアイデアが「討論」を組み入れた授業だと考えます。討論はみんなで協働してよりよい考えを創造していく活動です。そこでは発言の内容に深まりや広がりが期待できます。学校ならではの学び合いが展開されるからです。討論は深まりのある学習を創造していくだけでなく、いま求められている思考力、判断力、表現力など問題解決に必要な能力や、認め合い、支え合う人間関係をつくり人間関係の調整能力をはぐくみます。

　いま、アクティブ・ラーニング（子どもたちが主体的に取り組み、対話的、協働的に学びを深めていく学習）を展開することが求められています。単に学習活動を能動的にするだけでなく、深まりのある学習として成立させることが必須の要件です。また、これからの授業においても、子どもの言語活動を一層充実させることが期待されています。特に重要な言語活動は書く活動と話す活動です。いずれも主として言語による表現活動ですから、理解力や思考力、判断力とともに、表現力をはぐくむことにつながります。

　アクティブ・ラーニングの推進と言語活動による表現力育成を結びつけるキーポイントが「討論」だと考えます。すなわち、日常的に討論を取り入れた授業を展開することによって、子どもたちの授業中の発言の質を深め、学習が深まりのあるも

のになっていくのではないかと考えました。

　授業で子どもたちが討論する姿が見られなくなった背景には、教師自身が討論する経験が少なかったり、討論の仕方について十分な知識や技能がなかったりすることとも関係がありそうです。教師が討論の趣旨や方法を理解することなく、討論型の授業を効果的に展開することは考えにくいものです。

　こうしたさまざまな趣旨や背景から企画されたのが、本書は、新指導要領に対応した『新社会科討論の授業づくり―思考・理解が深まるテーマ100選』です。「討論」に焦点を当てた社会科授業の指南書としてとりまとめられています。

　Ⅰ章では、討論を授業に取り入れるとき押さえておきたい最低限の基礎知識を整理しました。具体的には、討論型授業の必要性、問題解決的な学習への位置づけ、テーマの類型などについて、45の質問事項（Q）を設定し、それぞれに回答（A）する形式で解説しています。

　Ⅱ章では、学年ごとに各単元でぜひ取り入れたいいち押しの討論テーマを紹介し、それぞれ討論の進め方やポイントを端的に述べています。なお、討論のテーマの実施単元は新学習指導要領の内容構成にもとづいています。テーマの順序が従来の構成と変わっていたり、新しい内容のテーマが見られたりするのはこうした意味合いがあります。また、テーマには学習指導要領の内容を越えたものも見られます。これらは発展的な学習として位置づけ、実施することができます。

　本書が有効に活用されることによって討論型授業の趣旨と方法を理解し、各教室で子どもたちが活発に討論するようになることを願っています。合わせて、討論が起爆剤となって、社会科授業が一層活性化されれば望外の喜びとするところです。

　本書の企画と出版に当たっては、株式会社学芸みらい社の樋口雅子氏から貴重なご助言をたくさんいただきました。この場を借りて心よりお礼を申し上げます。

　　平成29年2月

　　　　　　　　　　　　　　　　　　　　　　　北　　俊　夫

もくじ

◇ まえがき

I 授業で討論 ―押さえておきたい基本知識
● 生き生き討論に導く下準備

1 なぜ、社会科授業で討論なのか
- Q1 なぜ、いま討論型の授業が求められるのか　12
- Q2 討論は新学習指導要領にどう位置づいているのか　13
- Q3 討論がなぜアクティブ・ラーニングになるのか　14
- Q4 なぜ、アクティブ・ラーニングで討論なのか　15
- Q5 討論と「主体的・対話的で深い学び」はどう関連するのか　16
- Q6 これまでの話し合い活動はどこに問題があるのか　17
- Q7 子どもたちに授業で討論させる目的は何か　18
- Q8 討論がなぜ「深い学び」につながるのか　19
- Q9 討論すると、なぜ子どもは意欲的になるのか　20
- Q10 討論でなぜ子どもの思考が促されるのか　21
- Q11 討論でなぜ子どもは理解を深めるのか　22
- Q12 テーマ設定に当たって、教師の留意事項は何か　23
- Q13 ノートやワークシートとの関連をどう考えるか　24
- Q14 話し合いとディベートと討論はどう違うのか　25

2 討論と問題解決的な学習の関係はどうなるのか
- Q1 討論の場を問題解決的な学習にどう位置づけるか　26
- Q2 「問題設定」の場面の討論の意義は何か　27
- Q3 「予想する」場面の討論の意義は何か　28
- Q4 「学習計画を立てる」場面の討論の意義は何か　29
- Q5 「調べる」場面の討論の意義は何か　30

Q6　「まとめる」場面の討論の意義は何か　31
　　Q7　「学習成果を生かす」場面の討論の意義は何か　32

3　討論のテーマをどう設定するか
　　Q1　討論のテーマにはどのような類型があるのか　33
　　Q2　「事実習得型」のテーマとは何か　34
　　Q3　「概念獲得型」のテーマとは何か　35
　　Q4　「意思決定型」のテーマとは何か　36
　　Q5　「価値判断型」のテーマとは何か　37
　　Q6　「自己内省型」のテーマとは何か　38
　　Q7　「社会発信型」のテーマとは何か　39
　　Q8　「ブレーンストーミング型」のテーマとは何か　40
　　Q9　討論のテーマをどう設定するか　41

4　討論をどう進めるか
　　Q1　討論にはどのようなタイプ（形態）があるか　42
　　Q2　何を材料にして討論を進めるとよいのか　43
　　Q3　討論の結果をどう生かすのか　44
　　Q4　子どもに討論の技能をどう身につけさせるか　45
　　Q5　子どもの討論のマナーをどう指導するか　46
　　Q6　討論する時間はどれくらいがよいのか　47
　　Q7　空中戦にならないようにするにはどうしたらよいか　48
　　Q8　つなげて発言させるにはどうしたらよいか　49
　　Q9　討論の進行は誰がやるのか　50
　　Q10　子どもをどのように指名すればよいのか　51
　　Q11　子どもから発言が出なくなったときどうするのか　52
　　Q12　討論に参加できない子どもに発言をどう促すか　53
　　Q13　教師は討論の模様をどう板書するか　54
　　Q14　子どもたちの机の配置をどうするか　55

Q15　教師は討論の様子をどう評価するか　56

II 各単元のいち押し討論テーマ100
● 討論の進め方ポイント

♣印は、花テーマです。

1　3年の討論テーマと進め方
【市の様子】
　Q1　学校のまわりはどのような様子のところだと言えるだろうか　58
　♣Q2　市の郊外にショッピング・モールがつくられているのはなぜか　59
　Q3　市全体も身近な地域と同じように場所によって様子が違うのか　60

【スーパーマーケットではたらく人】
　Q4　お店で働いている人たちがさまざまな工夫をしているのはなぜか　61
　Q5　「野菜や果物」のふるさとをまとめるにはどうしたらよいか　62
　♣Q6　スーパーマーケットの売り上げを高めるために必要なことは何か　63
　Q7　地域の商店街をもっと元気にするにはどうしたらよいか　64

【農家ではたらく人】
　Q8　野菜農家の人たちはどのようなことを考えながらつくっているか　65
　♣Q9　害虫を殺すために農薬を使うか。それとも使わないか　66
　Q10　農家の人をもっと元気にするにはどうしたらよいか　67

【工場ではたらく人】
　Q11　部品工場を見学するとき、どんなことに気をつけたらよいか　68
　Q12　部品工場はどのような地域と結びついているのだろうか　69
　♣Q13　住民から工場の音がうるさいと言われている。どうしたらよいか　70

【火事を防ぐくふう】
　Q14　火事が起きたとき、消防署はどのような機関と協力しているか　71
　Q15　火事を防ぐためにはどうしたらよいか　72

【警察官の仕事のくふう】
　　Q16　交通事故を減らすにはどうしたらよいか　73
　　Q17　警察官の仕事はどのようなことだと言えるか　74
　　Q18　事故のない安全な町をつくるには、私たちに何ができるか　75
【市の移り変わり】
　　Q19　私たちの市はどのように変化してきたと言えるか　76
　♧Q20　市をより発展させるために、私たちは何をしたらよいのか　77

2　4年の討論テーマと進め方
【県の様子】
　　Q1　私たちの県は、地形から見てどのような特色があるか　78
　　Q2　私たちの県の特色は何か。キャッチコピーをつくろう　79
【ごみのしまつと利用】
　　Q3　私たちはなぜごみを分別して出しているか　80
　♧Q4　ごみを資源として再利用することがなぜ環境にやさしいのか　81
　　Q5　ごみをさらに減らすために大切なことは何か　82
　♧Q6　ごみ袋の有料化は賛成か、反対か　83
【暮らしと水】
　　Q7　なぜいまでは、行政機関が水を確保する事業を行っているのか　84
　♧Q8　水不足をなくすために、山奥にダムをつくるべきか　85
　　Q9　節水型の社会にするにはどうしたらよいか　86
　　Q10　なぜ、下水処理場が必要なのか　87
　　Q11　水はどのような旅をしていると言えるか　88
【自然災害からくらしを守る工夫】
　　Q12　地域にはどのような自然災害が起こりうる場所があるか　89
　　Q13　土砂災害を防ぐには砂防ダムを造るべきか。造らなくてもよいか　90
　♧Q14　自然災害に強い町にするには、どこをどうしたらよいか　91
　　Q15　自然災害に備えて、私たちはどうしたらよいのか　92

【県内の特色のある地域】
- Q16　私たちの県や市は世界のどのような都市と結びついているのか　93
- Q17　地域の伝統工業がおとろえてきたのはなぜか　94
- Q18　地域の伝統文化を守るためには、何が必要か　95
- Q19　地域の自然環境を守るためには、どうしたらよいか　96
- ♣Q20　小笠原村に飛行場を造ったほうがよいか。造らないほうがよいか　97

3　5年の討論テーマと進め方

【国土の様子】
- Q1　わが国の国土の位置の表し方にはどのような方法があるか　98
- Q2　わが国の地形にはどのような特色があると言えるか　99
- Q3　わが国の気候にはどのような特色があると言えるか　100
- ♣Q4　岐阜県海津市では、今後水害の心配はないのか。まだあるのか　101
- ♣Q5　沖縄の産業を盛んにするにはどのようなアイデアがあるか　102

【わが国の食料生産】
- Q6　熱帯の稲がどうして東北地方や北海道でつくられているのか　103
- ♣Q7　農村の耕作放棄地をどう活用するか　104
- Q8　わが国の食料自給率を上げるべきか。このままでもよいか　105
- ♣Q9　農業をさらに発展させるためには、どのようなことが必要か　106
- Q10　農業に携わる人を増やすには、どのようなことが必要か　107
- ♣Q11　秋田県沖のハタハタが減少している。どうしたらよいか　108
- ♣Q12　日本人がクジラを食べることは食文化か、動物虐待か　109
- Q13　水産業に携わる人を増やすには、どのようなことが必要か　110

【わが国の工業生産】
- Q14　日本の工業の中心は何だと言えるか　111
- Q15　中小工場はどのような役割を果たしていると言えるか　112
- Q16　トラック、鉄道、船舶、飛行機の輸送のメリットとデメリットは何か　113
- Q17　日本の自動車工業をこれからも発展させるには何か必要か　114

♧Q18　自治体が工場の誘致を進めているのはどうしてか　115
【暮らしと情報】
　　Q19　新聞とテレビのよいところと課題は何か　116
　　Q20　日ごろ、新聞をどのように活用しているか　117
　　Q21　インターネットは暮らしをどう変えたか　118
　　Q22　インターネットを利用するとき気をつけることは何か　119
【自然災害を防ぐ】
　　Q23　私たちの国土はなぜ自然災害が多いのか　120
　　Q24　自然災害を防ぐために、国として取り組むべきことは何か　121
　　♧Q25　自然災害から身を守るために、個人としてなすべきことは何か　122
【森林資源の働き】
　　Q26　森林にはどのような役割があるか。多面的にとらえよう　123
　　♧Q27　割り箸は森林資源を無駄にしているのか。有効利用しているのか　124
【生活環境を守る】
　　Q28　公害は人々の健康や生活をどのようにむしばんだのか　125
　　Q29　生活環境を守るために私たちにできることは何か　126
　　Q30　これまでの社会科学習でどのようなことを学んだか　127

4　6年の討論テーマと進め方
【わが国の政治の働き】
　　Q1　若者の投票率が低いのはどうしてか　128
　　♧Q2　若者の投票率を上げるにはどうしたらよいか　129
　　Q3　人口が減少していく社会ではどのような問題が起きるか　130
　　Q4　わが国の人口を増やすにはどのような対策が必要か　131
　　Q5　駅前の違法駐輪をなくすにはどうしたらよいか　132
　　♧Q6　駅前にある市が所有する土地をどう利用したらよいか　133
【わが国の歴史】
　　Q7　これからの「日本の歴史」の学習で学びたいことは何か　134
　　♧Q8　遊園地をつくっている途中で遺跡が出てきた。どうするか　135

Q9　豪族が大きな墓（古墳）を造ったのはどのような考えからか　136
Q10　お札に聖徳太子の肖像が使われているのはどうしてか　137
Q11　奈良時代の農民は大仏の造営をどう受けとめていただろうか　138
Q12　いまに伝わる平安時代の文化に何があるか　139
Q13　鎌倉幕府を京都から遠く離れた鎌倉の地につくったのはなぜか　140
Q14　いまに伝わる文化のルーツは室町時代にあると言ってもよいか　141
♣Q15　信長と秀吉と家康のうち、天下統一に最も貢献したのは誰か　142
♣Q16　江戸幕府は鎖国をしてよかったか。すべきではなかったか　143
Q17　黒船の来航を当時の人々はどう受けとめたのか　144
Q18　明治維新のころ生活が西洋化したというが、何が変わったのか　145
Q19　条約改正を達成させたのは誰か　146
Q20　「わが国の国際的な地位が向上した」とはどういう意味か　147
♣Q21　子どもたちは疎開先でどんな気持ちで生活していたのだろうか　148
Q22　東京オリンピックのころ、日本はどのような社会だったか　149
Q23　「わが国の歴史」の学習をとおして、どんなことを学んだか　150
♣Q24　貴重な文化財になぜ落書きをするのか　151
Q25　「わが国の歴史」を学んだことにどんな意味があるのか　152

【世界のなかの日本】

Q26　つながりのある国の人々の生活にはどのような共通点があるか　153
Q27　異文化の人たちと付き合っていくためには何が大切か　154
♣Q28　わが国が発展途上国を援助するとき、どのようなことが大切か　155
♣Q29　地球の温暖化を防ぐために日本の果たす役割は何か　156
Q30　中学校での社会科学習をどのように取り組みたいか　157

◇　あとがき

I 授業で討論 押さえておきたい基本知識
―生き生き討論に導く下準備―

　アクティブ・ラーニングの形態の1つに討論があります。討論は主として言語による表現活動ですが、互いの意見を闘わせ、よりよい考えを生み出すための学習活動です。一方向の発表や報告ではありません。また、ただ意見を言い合えば、討論になるというものでもありません。

　討論はさまざまな学習活動の1つであり、話し合い活動の一形態です。討論をすることが社会科の目的ではありません。討論をとおして、社会や社会的事象に対する理解や認識を高めることにねらいがあります。

　討論を組み入れることによって、社会科授業の質を高め、深まりのある学習として展開するためには、討論に関する基礎的な知識を押さえておく必要があります。

　実践に当たって、基礎知識として事前に押さえておきたいことは次のような事柄です。

・そもそもなぜ討論を取り入れた授業が求められるのか。
・問題解決的な学習の各過程に討論の場をどのように位置づけるか。
・社会科において討論のテーマにどのようなものがあるのか。
・討論を具体的にどのように進めていけばよいのか。また、配慮すべきことはどのようなことか。

　本章では、これらの課題について具体的な課題を質問（Q）として45項目設定し、それぞれに対する考え方や方法などを回答します。各課題をQ&Aの形式で解説していきます。

1 なぜ、社会科授業で討論なのか

Q1 なぜ、いま討論型の授業が求められるのか

●よりよい社会の形成者の育成を目指す

　討論することは、調べたことや考えたこと、まとめたことを発表するとか報告する、説明するといった一方向の情報発信ではありません。またこれらの活動を双方向に行う、交流とか交換といった伝え合う活動でもありません。

　わが国では、討論という言葉が明治10年代からディベートの訳語として使われるようになったようです。『広辞苑（第五版）』（岩波書店）によると、討論とは「互いに議論をたたかわすこと」とあります。ただわかったことを発表したり意見を表明したりするだけでは討論になりません。

　なぜ社会科授業で討論が求められるのでしょうか。ポイントは社会科の教科としての役割にあります。社会科には「国家及び社会の形成者に必要な公民としての資質・能力の基礎」を養うという役割があります。社会科の役割はよりよい社会をつくるために参画できる社会人を育てることです。学校は社会に出るための準備教育の場であり、その中核的な役割を社会科が担っていると言えます。

　学級は多様な子どもたちから構成されています。学級や学校はおとなの社会の縮図であることから「小さな社会」とも言われています。そこでは、互いに違いを認め合い支え合いながら、よりよい学級や学校をつくっていくことが求められます。自分だけがよければよいというわがままは許されません。

　討論の主たる目的は、学習や生活上の課題をテーマに、多様な意見を出し合い調整しながら、一定の方向性を打ち出していくことにあります。討論は協働的でかつ創造的に展開されるところに主要な特質があり、そこで身につく資質や能力は社会人として成長していくために必要なものです。これはアクティブ・ラーニングが求めている趣旨そのものです。

　社会科で討論型の授業が求められるのは、学習に主体的に取り組む態度を育てることにとどまらず、よりよい社会の担い手を育てるためだと言えます。

Q2 討論は新学習指導要領にどのように位置づいているのか

●討論は言語による表現力育成の場

　新学習指導要領（小学校社会科）に「討論」という文言は見られませんが、次の箇所が討論と深く関わっています。

　その１つは、社会科の教科目標との関連です。目標（２）に「考えたことや選択・判断したことを適切に表現する力を養う」とあります。同様な記述は各学年の目標にも示されています。表現する力は、子ども自身が表現活動に取り組むことによって養われます。討論は主として言語による表現活動ですから、討論によって言語による表現力が養われます。また、「考えたことや選択・判断したこと」をもとに討論することによって、一人一人の思考や理解が変容し、深まりのある学習が期待できます。社会科授業において討論を組み入れることは、教科目標を実現する観点から求められている課題であると言えます。

　その２つは、学習指導要領の「第３　指導計画の作成と内容の取扱い」に「社会的事象の特色や意味、社会に見られる課題などについて、多角的に考えたことや選択・判断したことを論理的に説明したり、立場や根拠を明確にして議論したりする言語活動に関わる学習を一層重視すること」と示されています。説明したり議論したりすることは討論のなかで展開される象徴的な言語活動です。内容の取り扱いに配慮事項として示されているのは、社会科の目標や内容（育成すべき資質・能力）を効果的に実現させることを求めているものです。

　その３つは、今回の学習指導要領で重視されている「主体的・対話的で深い学び」との関連です。このことは社会科だけでなく、各教科等を束ねる役割をもっている総則にも示されています。これまで「主体的、協働的に学ぶ学習」と説明されてきた、いわゆる「アクティブ・ラーニング」を言い換えたものです。子ども一人一人の思考や理解を深まりのあるものにするためには、アクティブ（能動的）な活動である討論を組み入れることが重要になります。

　社会科授業において討論する活動を重視するのは、新学習指導要領の趣旨や内容を実現するとともに、子どもたちに主体的な授業参画を促し、授業の質的な充実を図ることができるからです。

Q3　討論がなぜアクティブ・ラーニングになるのか

●一人一人に授業への参画意識を育てる

　アクティブ・ラーニングとは「主体的、協働的に学ぶ学習」とも「主体的・対話的で深い学び」とも説明されています。文部科学省の言い方に多少の変化は見られますが、アクティブ・ラーニングのポイントは、教師による知識や技能を一方的に教え込むのではなく、子ども一人一人が目的意識をもって主体的に、かつ友だちと協力し合いながら学び、知識や技能を主体的に習得・獲得していく授業だということです。知識や技能を習得・獲得する過程では、問題解決に必要な思考力、判断力、表現力などの能力をはぐくむことができます。

　子どもたちが討論に参加するためには、まず討論のテーマを強く意識する必要があります。自分の問題として受けとめ認識することです。次に、テーマに対して自分はどう考えるのかといった意思決定が求められます。ここでは自分の考えをしっかりもち、自己の確立が図られます。そのうえでそれぞれが意見を表明し合い、友だちとの関わり合いのなかで討論が展開されていきます。

　子どもたちが討論の授業に参加することにより、子どもたち一人一人に授業への参画意識を育て、自分の考えを深めるために貢献するだけでなく、みんなでよりよい考えを創造しようとする意識を醸成し能力を育成することができます。討論は個人思考とともに集団思考を促すことができるところに、最大のメリットがあります。これは深まりのある学びを求めているアクティブ・ラーニングの趣旨と合致するものです。

　このように、討論という活動は、自己の確立を図り、他者との関わり合いをつくり、さらに学級という集団（社会）との結びつきを意識させるものです。これらは「人間力」の育成につながるものです。

　なお、討論を取り入れた授業で見受けられることに、発言する子どもが限られていること、発言がつながっていないこと、発言が極端に少なく停滞していることなどがあります。討論をアクティブ・ラーニングとして成立させるためには、授業者が子どもたちから発言をどのように引き出すか。それらをどのように生かすかがポイントになります。

Q4　なぜ、アクティブ・ラーニングで討論なのか

●討論は学校ならではの学びのスタイル

　社会科においては、これまでもさまざまなアクティブな学習活動が取り入れられてきました。その中核をなすものは、社会科において伝統的に実践されてきた問題解決的な学習です。問題解決的な学習は子どもたちが問題意識をもち、見通しを立てて問題を追究し解決していく学習ですから、アクティブ・ラーニングそのものだと言えます。

　これまでも問題解決的な学習の過程においては、観察、見学、調査などの活動をはじめ、資料やICTを活用して調べる活動、資料や作品、新聞などにまとめる作業的な活動が取り入れられてきました。体験的な活動を取り入れた楽しい授業も見られました。さらに、調べたことや考えたことを報告、説明、発表するなど話す活動も位置づけられてきました。

　これまでの学習活動を散見すると、討論の場を取り入れた授業が少なかったように思われます。また「自分なりの考えをもちなさい」「自分の言葉で書きなさい」など、自分を強調した助言も耳にします。子どもに学習に対する主体性を育てるとか、一人一人の願いや思いを大切にするといったことが重視されていたためと思われます。このことは、自分の力で学ぶという自学力を育てるうえで重要なことです。自立につながることですから、教師の重要な手だてだと考えます。ただこれだけでよいかという不安がよぎります。

　社会生活を主体的、創造的に営んでいくためには自立するとともに、共生するという視点も求められます。自立は「ひとりで」生きる力です。共生は「みんなと」協力し合いながら生きていく態度や能力のことです。前者の資質や能力は家庭でも育てることはできますが、後者の視点は家庭で育てることができません。学校ならではの学びのなかで養われるものです。

　社会科においてアクティブ・ラーニングである問題解決的な学習に討論する場や活動を組み入れることは、子どもたちに社会に対する理解・認識を深め、将来求められる資質や能力を育てるために必要な手だてです。討論は学校ならではの学びのスタイルであり、授業の質を深める起爆剤になると考えます。

Q5 討論と「主体的・対話的で深い学び」はどう関連するのか

●討論は主体的で対話的な学びそのもの

　今回の学習指導要領改訂の過程では「アクティブ・ラーニング」の用語が飛び交いました。ところが、新学習指導要領では「主体的・対話的で深い学び」と言い換えられています。アクティブ・ラーニングには、これまで「主体的な学び」「対話的な学び」「深い学び」の3つの視点が含まれると説明されてきました。これらの視点は、「主体的・協働的に学ぶ学習」と言われたアクティブ・ラーニングとほぼ同義だと言えます。ただ、国語辞書的にとらえると、対話的と協働的は必ずしも同じではありません。対話とは1対1の「つい」の関係性を指し、協働にはみんなで一緒にといった意味内容があります。協働は対話を包含した用語ととらえるのが適切でしょう。

　討論は2人以上の集団で意見を述べ合う行為ですから、討論は対話的、協働的な営みです。一人では成立しません。また、子どもたちに主体性がなければ、意見を表明するという行為は成立しませんから、討論は主体的な活動です。このことから、討論は主体的で対話的（協働的）な学びの場そのものだと言えます。

　「主体的・対話的で深い学び」とは、主体的、対話的（協働的）な活動をとおして、「深い学び」すなわち「深まりのある学び」をつくることです。このようにとらえると、討論という活動は「深い学び」をつくり出すための一つの学習スタイルであることがわかります。

　とりわけ学びに深まりや広がりを期待するためには、主体性を発揮しながら、協働的に学ぶ場としての討論は不可欠な活動です。

　なお、「主体的・対話的で深い学び」について、中央教育審議会答申（平成28年12月）には、「子供同士の協働、教職員や地域の人との対話、先哲の考え方を手掛かりに考えること等を通じ、自己の考えを広げ深める」と示されています。そのうえで「身に付けた知識や技能を定着させるとともに、物事の多面的で深い理解に至るためには、多様な表現を通じて、教職員と子供や、子供同士が対話し、それによって思考を広げ深めていくことが求められる」としています。討論を取り入れる際には、これらの記述を踏まえておく必要があります。

Q6　これまでの話し合い活動はどこに問題があるのか

●話す活動と話し合う活動との違いを押さえる

　社会科の学習指導案には、その単元や時間の主な学習活動の内容が書かれています。そこには「(資料をもとに) ～について話し合う」という記述が見られます。例えば「分別したゴミはどこへ行ったのかについて話し合う」などと書かれています。話し合いをとおして、大切なことを学ばせたいという授業者の意図が伝わってきます。まさに「Learning by Doing」です。

　ところが、実際に授業を観察していると、子どもたちは活発に発言しているのですが、「話し合い」になってないことがあります。子どもたちの意欲的な姿には接することができても、授業に深まりが感じられません。単に意見を言い合っているだけで、発言同士の関連が見られないからです。どうしてこうした状況が見られるのでしょうか。

　ともすると、授業者が話し合うとはどのような営みなのかを十分押さえていないのかもしれません。発表させたり説明させたりするような、いわゆる発言させれば話し合いになるととらえていることはないでしょうか。こうした営みは、発言が相互に絡み合うことが少なく、一方向であったり、せいぜい双方向であることが多いようです。これらは単に話す活動であり、伝え合う活動です。話し合う活動ではありません。

　話し合うとはただ発言することではなく、相互に意見などを出し合い、理解を深めたり問題を解決したりするために行われるものです。「話す」と「話し合う」を区別して使い分けることが大切です。考えを練り上げるなどと言いますが、これは後者の話し合いの一形態に当たります。

　話す活動には、発言の機会を与えることや授業への参加意欲をもたせることなどにねらいがあります。それに対して、話し合う活動には、多様な考えを出し合いながら、みんなでよりよい考えを創造することにねらいがあります。その意味で、話し合うことは協働的で創造的な営みだと言えます。これには、個人思考のレベルを越えて、みんなで集団思考することにねらいがあります。討論は後者の話し合う活動の趣旨に近い意味あいを含んでいます。

Q7 子どもたちに授業で討論させる目的は何か

●みんなで学び合う楽しさを実感し意義に気づかせる

　討論するという活動は、多くの場合、家庭で行うことは難しいでしょう。討論するという場や機会を設けることによって、子どもたちは自分の考えをしっかりもって、意思表示しようとする意欲や態度が養われます。同時に、友だちの考えを知り、それらから学びとることができます。また、多様な考えや考え方が表出されたときには、よりよい考えを選択・決定するなど判断力を発揮する機会になります。学級という集団において、1つの考えに集約することが求められるときには、多様な考えを調整したり説得したりすることが必要になります。こうした学びは学校でこそできることです。

　授業で子どもたちに討論させる目的を次のように整理することができます。

・社会や社会的事象に対して興味・関心をもたせ、社会科授業への参加意欲を高めます。

・テーマに対して常に自分の考えをもつという意思決定と考えを表明する習慣を養います。

・自分とは違った考えや考え方を受け入れ、それらから学ぶという謙虚な気持ちや態度を育てます。

・みんなが考えたことの論点を整理し、調整しながらよりよい考えなどを創造する能力を育てます。

・討論をとおして導き出された一定の結論や方向性に対して、尊重する態度を養います。

・討論をとおして、一定の結論や方向性が導き出されたことに対して、充実感、達成感を味わわせます。

　社会科授業において討論する活動を体験させることによって、子どもたちは友だちと一緒に学ぶことの楽しさを実感し、討論の大切さや意義や価値に気づくようになります。

Q8 討論がなぜ「深い学び」につながるのか

●討論で思考と理解が深まる

　討論は協働的な活動ですから、集団での学習の一形態だと言えます。こうした学びは、学校ならではのスタイルです。家庭や学習塾などでは体験することができません。子ども一人一人の思考や理解が深まる学習を「深い学び」「深まりのある学び」ととらえると、子どもたちの討論は思考や理解を深める貴重な機会であると言えます。なぜ討論すると、子どもたちの思考や理解が深まるのか。それには次のような理由があります。

　まず、初めに、考えたことや理解したことを一人一人が表明します。互いに意見表明し合うことによって、多様な考えや考え方、理解の仕方などがあることに気づきます。自分の考えとは違った内容を聞くことによって、自分の考えたことや理解していることに確信をもったり、逆に修正したりすることがあります。視点の違った意見などを聞いて視野を広げることもあります。このような学びは、子ども一人一人において成立している学びが深まった姿だと言えます。

　次は、多様な考えなどを出し合い、調整し合いながら、みんなで1つの結論を導いたり、ある方向に意見を集約したりしていく場合です。これは学級という集団のなかで思考や理解が深まった状態だと言えます。

　ここでは、討論によって自分や学級の思考や理解がどのように変容したのかといった結論（終末場面の考え）だけでなく、討論をとおして思考や理解が深まったことを子ども一人一人に自覚させることが大切です。そのためには、討論のまえにどのように考えていたのか。理解していたのかをふり返り、最初の考えなどと結びつけて変容したことを自覚させます。

　討論と「深い学び」との関係性を教師が意識して指導するだけでなく、子ども自身が思考や理解の変容を自覚することが重要です。例えば「私は最初、○○○○と理解していました。でも、△△さんたちの意見を聞いて、それまでの考えが□□□に変わってしまいました」「討論をしたことによって、よりよい考えがまとめられて良かったです」のような、成長の様子がみとれるような発言やノートの記述を期待したいものです。

Q9 討論すると、なぜ子どもは意欲的になるのか

●論点の違いが子どもを意欲的にさせる

　討論するという行為（活動）が成立する主要な要因の1つは、討論のテーマに対して、多様な考え（理解の仕方や考え方など）があることが前提です。ここで言う多様性とは違いのことです。解決すべきテーマに対して、その方法が1つであれば（みんなが同じ考えであれば）、何も討論する必要性はありません。「異議ナーシ」「同じデース」ということになります。

　多様な考えが出されたとき、それぞれの子どもがそれぞれに受け入れて、自分の考えをより確かなものに修正するといった活動を促すときにも、討論する必要性は生まれません。一人一人がそれぞれに考え、処理すればすむことです。また、「みんな違って、みんないい」ではありませんが、一人一人の考えがすべて認められる場合にも議論する余地はありません。

　討論が成立する重要な要件は、子どもたちのあいだに考えや考え方など論点に違いやズレがあり、よりよいものや考えなどを導き出す必要性に迫られたときです。そのためには討論のテーマに「あなたならどうするか」「これからの社会はどうあるべきか」といった課題に対して意思決定を求めたり、「どっちがよいか」「なぜそれを選んだのか」など価値判断を促したりする内容が効果的です。これらのテーマは比較的論点が明確であり、多様な考えや立場を明確にすることが求められるからです。

　子どもにかぎらず、人間は誰でも論点が整理されると、何について考えるか、判断するのかが明確になってきます。論点が黒板などに可視化されると、自分はどう考えるか。どっちの立場に立つかなど、自分の立つ位置を明確にしようとします。これは討論に意欲的、主体的に関わろうとする意思や態度の表れです。

　テレビの討論番組で意見が伯仲したり対立したりするとつい見入ってしまうのは、自分の考えなどとも比べながら、討論の内容や方向に興味を抱いているからです。討論には、人の心を意欲的にし高ぶらせるとともに、そのテーマに対して関心をもたせるというねらいがあります。討論の場で子どもたちが意欲的に発言するようになるには、学級に違いを認め合い、支え合う風土が養成されている必要があります。自由にものが言い合える学習集団でなければなりません。

Q 10　討論でなぜ子どもの思考が促されるのか

●意見の違いが子どもの思考をゆさぶる

　「ゆさぶる」という言葉があります。『広辞苑』によると「動揺させたり混乱を引き起こしたりする」と説明されているように、一般的には望ましくない行為として受けとめられているようです。ただ、教育界においては「ゆさぶりをかける」ことを授業者の１つの手だてとして語られることが多く、これまでむしろ教育的に見て効果のあるものとして受け入れられてきました。

　私ごとになりますが、拙著にゆさぶりに焦点を当ててとりまとめた『ゆさぶりある社会科授業を創る』（明治図書出版、1991年）があります。当時、教育界において、発問や資料などでの「ゆさぶり」が１つの流行として話題に上がっていたことを思い出します。

　討論のテーマは、多くの場合、「どうしたらよいか」「なぜだろうか」「どっちを選ぶべきか」など、疑問詞（5W1H）を含めて投げかけられます。問いかけ（テーマ）に疑問詞が位置づいていると、自分の考えをもったり、立場を明確にしようとしたりします。それだけでも思考が促されます。

　討論を成立させる要件の１つは、子どもたちのなかに意見の違いやズレがあることだと前述しました。この違いやズレが子どもの思考を促す重要な要因になります。討論の場において、ＡくんたちとＢさんたちの意見の違いが顕在化したとき、Ｃさんと自分の考えとの違いに気づいたとき、教師が子どもたちの意見と違った意見を提示したときなどに出会うと、子ども一人一人において思考が始まります。授業において、意見の違いやズレは「もう１つの教材」として重要な役割を発揮します。

　近年、思考力、判断力、表現力などの能力の育成が叫ばれています。授業に討論を組み入れ、意見の違いやズレに注目させることによって、理由や根拠、背景などを思考する力や、立場や考えを選択・決定する判断力がはぐくまれます。さらに、自分の考えをわかりやすく筋道を立てて説明する力、根拠を示して相手を説得させる力、違った考えを取り入れ調整する力など、主として言語による表現力を育てる機会にもなります。

Q11 討論でなぜ子どもは理解を深めるのか

●友だちの多様な理解の仕方から学ぶ

　討論や話し合い活動を組み入れた授業において、その終末に次のようなパターンで発言をしたりノートに記述したりする子どもがいます。

　「私は、今日討論するまえには、○○○○と考えていました。でも、Hさんが□□□□と発言したのを聞いて、これまで考えていたことだけでなく、△△△△であることにも気づきました」

　これは、討論をとおして自分の考えや理解の仕方が変容したことを述べているものです。その契機になったのは、討論中に発言したHさんにあります。こうした発言や記述は、この子どものなかで「個人内対話」が展開されているとも受けとめることができます。

　自分の変容を表出させることは、学習後だけでなく、討論の途中でも必要です。子どもたちは、友だちの発言を聞いて考えが変容した事実やその子どもの謙虚な姿勢をその場で知り、その内容を学ぶことができるようになります。

　討論する場においては、友だちが発言した内容から友だちの考えや考え方に接することができます。同時に、友だちが理解していることや理解の仕方にも触れることができます。そこでは、考えや考え方を学ぶだけでなく、考えたことを理解することの大切さも学びます。これは思考というよりも、理解の広がりや深まりです。討論には、一人一人において社会に対する理解や認識を深めることができるという役割があります。

　討論の場で、多様で多くの知識や理解の仕方が出されることにより、自分の理解の仕方との違いに気づくことができます。万一知識が不足していた場合や間違って理解していた場合などには、これまで理解していたことや考えていたことを修正したり補足したりする行為が働きます。理解の面から見て、学級として深まりのある授業になります。

　討論することには、子どもの思考力、判断力、表現力だけでなく、知る、わかるといった理解力を育てる重要な役割があります。社会科において理解力を深めることは、より確かな社会認識の形成につながります。

Q 12 テーマ設定に当たって、教師の留意事項は何か

●テーマへの必然性をもたせる

　討論のテーマを設定する際には、それが社会科らしいことは言うまでもありません。テーマは社会科の教科としての特質を踏まえて設定しますが、さらに次のような事柄に留意してテーマを決定し設定します。

　第1は、討論のテーマは何と言っても子どもたちにわかりやすいことです。「鎌倉時代の政治について討論しましょう」では何について意見を言い合うのかが曖昧です。「鎌倉時代の政治は、平安時代の貴族による政治と比べて、どのような違いがあるでしょうか」と言ったほうが具体的です。テーマ文に「どのような」という疑問詞が含まれているからでしょう。

　第2は、学習成果と関連性や発展性があることです。このことは、はじめに討論ありきではなく、学習の進行とともに、討論のテーマが明確になり、討論の必要性が生まれてくることを意味しています。学習の必然的な発展としてテーマを設定することが重要です。例えば授業のなかで、子どもたちのあいだに見解の違いが浮き彫りになったときや意見の対立が生まれたときには、そのことをその場でテーマにして討論を始めることができます。

　第3は、教材の特質や討論の場面などを考慮するとともに、討論のねらいを踏まえて設定します。例えば、知識の習得・獲得を目指すのか。子どもたちの思考を深化させるのか。それとも知識を活用することを目指すのかによって、テーマの内容が変わってきます。テーマ文に含まれる疑問詞も違ってきます。知識の習得・獲得を確認する場合には、「どのような」や「なぜ」が多くなります。思考を深化させる場合には「なぜ」が、知識の活用を促す場合には「どのように」が、それぞれ多くなりがちです。

　第4は、討論にどれくらいの時間を費やすことができるかです。このことによって、テーマ設定のあり方が違ってくるからです。テーマの大きさと時間の長さはおよそ比例します。時間は少なくとも10〜15分程度はとらないと、多様な意見を出し合い吟味し合う場にはなりません。ただ言い合うだけでは発表の機会になっても、討論したことにはならないからです。

Q 13　ノートやワークシートとの関連をどう考えるか

●書く活動（記述）と話す活動（討論）を一体に考える

　討論の場では、話す活動が中心に展開されますが、ノートやワークシートなどに書く活動と関連づけることによって、討論の内容がより深くなり、子どもの理解がより確かなものになります。ノートやワークシートなどに書く活動（記述）と話す活動（討論）を例えば次のように関連づけて展開します。

---

① 　子どもたちに討論のテーマを提示します。授業では発問や問いかけとして子どもたちに投げかけられます。これによって、子どもたちは自分の考えをもとうとします。

② 　討論に入るまえに、まず自分はどのような立場なのか。テーマに対してどのように考えるかなど、ノートやワークシートに書かせます。これによって、自分の考えをより強く意識することができます。また、発言することに対する意欲を高め、話す内容や話し方についても見とおしをもつことができます。

③ 　ノートやワークシートに書いたことをもとに討論に参加させます。討論が進行すると、徐々に書いたことから離れていくことがあります。

④ 　討論が終わった段階で、自分の最終的な考えをノートやワークシートに書かせます。その際、最初の考えがどのように変わったか。変わらなかったかを明確にさせます。合わせて、考えが変容したり修正したりした理由や友だちの考えなどを書くように助言します。これによって、討論に参加したことの成就感を味わわせることができます。

　討論の場で、ノートなどに書かせる活動を位置づけることは学習成果を定着させるためにもきわめて効果的だと言えます。書く活動と話す活動が一体化し、言語による表現活動をとおして表現力をはぐくむ場として有効に機能します。ワークシートを作成し配布すると、子どもたちは学習の見とおしをもつことができます。学習の先が見えるからです。

Q 14 話し合いとディベートと討論はどう違うのか

● 厳密な違いはない

　話し合いとディベートと討論はいずれも話す活動であり、主として言語を使った表現活動です。自分の考えや情報を出し合うということでは共通点がありますが、それぞれには微妙に違いがあるようです。

　話し合いとは、互いに理解を深めたり、問題を解決したりするために行うものであり、相談するとか、交渉するなどとも言われます。ただ発言のしっぱなしではなく、進行役の人が発言者の発言内容をもとに、一定の方向や結論に導くことを想定して行われることが多いようです。

　ディベートは、あるテーマや主張に対して、賛成派（肯定する側）と反対派（否定する側）に分かれて行う討論（論争）のことです。ディベートの進行に当たっては一定の手順やルールが定められています。ここでは、自分の考えとは関係なく立場や考えを機械的に決めることもあり、ゲーム的な要素を含んで行われることもあります。討論者のほかに、勝ち負けを判断するジャッジマンがいる場合もあります。本書では「ディベート的な手法を取り入れて」などと表記しています。なお、手元の英和辞典によると、ディベート（debate）には、討論する。討議する。論議すると訳されています。

　討論とは、物事の本質を求めて、お互いに議論を闘わせることを言います。一説によると、明治のはじめごろ西洋から移入されたdebateの訳語として使われるようになったと言われています。類語に議論（する）があります。これはお互いに自分の考えや立場などを述べ合い、論じ合うことことです。意見を闘わせることですから、討論と同じ意味にとらえることができます。なお、討論は和英辞典によるとdebateのほかに、discissionと英訳されています。

　このように見てくると、これらの用語には厳密な違いはないようです。ただ実際の授業では、話し合いをとおして一定の方向性や結論を導いたあと、さらに討論をとおして各自の考えを深めることも行われているように、これらの活動を関連づけてとらえることがポイントになります。

2 討論と問題解決的な学習の関係はどうなるのか

Q1 討論の場を問題解決的な学習にどう位置づけるか

●問題解決の各過程の趣旨を生かす

　問題解決的な学習について基本的な事項をまず確認しておきます。ここでは問題解決的な学習を1つの小単元を対象に展開することを基本に据えます。また、学習の展開過程を問題把握、問題追究、整理・考察の順で展開します。場合によっては、さらに成果の活用を位置づけます。平たく、学習問題を「つかむ」「調べる」「まとめる」「生かす」と言うこともできます。整理すると、次のようになります。【　】内は扱い時数のおよその目安です。

Ⅰ　学習問題をつかむ（問題把握）　【2時間】
　(1)　学習問題を設定する
　(2)　学習問題について予想する
　(3)　学習計画を立てる
Ⅱ　調べる（学習問題の追究）　【2～10数時間】
Ⅲ　まとめる（整理・考察）　【1～2時間】
Ⅳ　生かす（学習成果の活用）　【1時間】

　問題解決的な学習の過程に討論を位置づけるとき、特に重視したいのは、①学習問題について予想する場面、②まとめる過程において学習問題に対して考察する場面、③学習成果を生かす場面です。

　予想する場面では、学習問題を設定する活動と一体に展開されることが一般的です。教材の特質や時間数との関連からすべての過程に位置づけることが困難なこともあります。また、調べる過程においても、各単位時間ごとに小さな問題解決が展開されることから、これまでも「話し合い活動」が行われてきたように、短時間で行うミニ討論を位置づけることが可能です。学習成果を活用する生かす場面では、発展的な学習としてより高度な討論を行うこともできます。

Q2 「問題設定」の場面の討論の意義は何か

●価値のある学習問題に気づかせる

　問題解決的な学習において、学習問題を設定するということは、小単元を貫く学習のめあてをもつことです。その内容は小単元の理解目標と表裏一体の関係にあります。子どもたちが興味や関心をもったこと、疑問に感じたことなら何でもよいというわけにはいきません。また、学習問題は教師が一方的に提示するよりも、子どもたちのなかからわき出てきた疑問を生かしながら設定していくようにします。そのためには、事前に子どもたちにとって意外性のある事実に出会わせることがポイントです。

　こうした場面で討論を位置づける意義には、まず資料などをもとに意外性のある事実や事象に気づかせるという役割があります。問題発見です。

　具体的には資料を丹念に読み取らせます。複数の資料を活用することもあります。ここで討論させることは困難でしょう。資料から見いだした事実をもとに、事実と事実のあいだのズレや、事実と自分（たち）の既有の知識や見方とのズレに注目させます。ここではズレをもとに討論させながら、学習問題を導き出していきます。問題意識をもたせるポイントは「意外性との出会い」です。子どもたちの発言はもとより、一人一人のつぶやきや表情・ふるまいなどにも注目して、それらの小さな変化を見逃さないようにします。

　子どもたちだけの討論というよりも、教師も一緒になって討論し、学習問題を設定していきます。「これらの資料からどのような学習問題が生まれるか」を討論のテーマにすることもできますが、このことを実現させるためには、教師が期待している学習問題に気づくような資料であることが大切です。

　ここでのポイントは、子どもたちの問題意識を拡散させるのではなく、小単元の目標の実現が可能な学習問題に収斂させることです。これが子どもたちにとっても教師にとっても価値のある学習問題と言えます。

　なお、社会科における学習問題づくりに関しては、拙著『だれでもできる社会科学習問題づくりのマネジメント』（文溪堂、2016年）があります。合わせて、参考にしてください。

Q3 「予想する」場面の討論の意義は何か

●多様な予想が追究意欲につながる

　問題解決的な学習においては、設定された学習問題に対して「予想する」という活動が重視されます。通常、私たちは疑問をもったときにはその時点ですでに予想しているものです。「たぶん、○○だろう」「きっと、○○だと思う」という思考が働いているものです。予想するよう促さなくても、子どもたちからいきなり予想した内容の発言が出されるのは、疑問と予想が一体的に意識していることを反映したものです。

　子どもの予想のなかには、直観的なものも多く、根拠や理由が曖昧なものもあります。考えたことの結果だけが予想することだと考えているからです。こうした子どもには、どうしてそう予想したのか。根拠や理由についても説明できるようにすると、思考力や判断力の育成につながります。

　こうした実態を踏まえると、この時点で初発に予想したことをいったんノートなどに記述させておくとよいでしょう。できるだけ根拠や理由も付け加えさせます。これは初発の予想です。これによって思考・判断したことを表現する力もついてきます。

　そして、次に初発の予想を出し合いながら、より確かな予想に練り上げていきます。子どもたちからは多様な予想が出されることが理想です。仮に同じようなことを予想していても、その根拠が違う場合もあります。授業者は子どもたちの予想の違いに注目して、その内容がわかるような板書構成に努めます。論点を整理して、深まりのある討論になるよう心がけます。

　ここでは、学級として、あるいは1つのグループで1つの予想に集約させる必要はありません。あくまでも自分の予想をしっかりもたせるようにします。予想した内容の違いが、これからの問題解決への意欲につながるからです。「誰の予想が合っているかな。調べてみないとわからないね」といった意見が出されれば、討論は成功です。ここに予想する場面において討論する最大の意義があります。予想する場面で討論させるねらいは、個の予想（考え）を確立させることと、問題解決への意欲を高めることにあります。

Q4 「学習計画を立てる」場面の討論の意義は何か

●主眼は問題解決の見通しをもたせること

　問題解決的な学習において「学習計画を立てる」場面は、すべての小単元に必ずしも位置づけられていません。年間の授業時数が十分にないためだと考えられます。そのために、多くの実践では、教師の計画のもとに、教師が方向づけることが多いようです。

　目的や目標を実現させるための計画は、一般に何をという内容といかにという方法から構成されます。授業者が作成する指導計画も目標と内容と方法から構成されています。これらと同様に、子どもたちに考えさせる学習計画についても、学習問題についての予想を確かめるために、何を調べるか、それをいかに調べたらよいかを考えさせます。学習計画を内容と方法の観点から考えさせることがポイントです。方法には調べ方だけでなく、まとめ方を含めることもあります。

　こうした趣旨をもつ学習計画を立てる場面において討論を位置づけたとき、その意義は、その計画が予想を確かめ、学習問題を追究するために効果的なものかどうかを判断することにあります。よい方法だが、実現できないこともあります。相手がいる場合には、相手の都合にも左右されます。討論の場においては、予想を確かめるために必要な内容かどうか。実際に調べることができる方法かどうか。調べたことをまとめる場合、内容にマッチした効果的なまとめ方かどうかが判断基準になります。

　こうした観点から、吟味、討論することによって、子どもたちは問題解決への見通しを具体的にもつようになり、追究意欲をさらに高めていきます。

　学習計画の内容は、その後の問題解決の学習形態によって変わってきます。一斉学習で展開する場合には、学習計画を学級として作成しておきます。個別にあるいはグループごとに展開する予定の場合には、学習計画をそれぞれに合ったものにしておきます。いずれにするかは、子どもたちに調べる力がどの程度ついているか。個別やグループごとに調べさせても、目標の実現が同様に保障されるかによります。子どもの実態と教材の特質を踏まえて判断します。

Q5 「調べる」場面の討論の意義は何か

●ミニ討論で知識の確実な習得を目指す

　「調べる」場面においても、本時の「学習のめあて」をもつ、調べる、本時の学習でわかったことをまとめるといった小さな問題解決的な学習が展開されます。ここでは、「学習のめあて」に対して簡単な予想をさせるとき、資料などで具体的に調べさせるとき、調べたことをまとめさせる場面では、ミニ討論を組み入れることができます。時間などの制約があって、厳密には討論と言えるほどのものにならないこともありますが、特に本時の終末においては「知識の構造図」や本時の目標（ねらい）に示されている本時の知識のより確実な習得を目指して位置づけます。

　本小単元の終末に位置づいているまとめの時間には、調べる個々の時間に習得した知識を活用して、学習問題に対して自分の考えを導き出します。このことを想定して、調べる個々の時間には各時間に習得した知識を整理しておくように助言します。調べる時間に位置づく討論は、その知識の内容を確認するために行われるものです。

　こうした趣旨を踏まえると、調べる時間の討論は、「今日の勉強をとおして大切なことは何だろうか」といったテーマで討論することが考えられます。その大切なことの確かさを吟味・検討するために行われるのが討論です。

　本時の終末で、授業者が「では、今日の学習感想を書きましょう」と問いかけることがあります。学習感想を書かせることにまったく意義がないわけではありませんが、どうせ書かせるならば、「今日のめあて」に立ち返らせて「今日の勉強でどんなことがわかりましたか」と問いかけて書かせたほうがはるかに意義があります。なぜならば、子どもが書いたものを読むと、その子どもの学習状況と今日のめあての関連や本時の目標（ねらい）の実現状況を読み取ることができるからです。本時のめあては無計画に設定されたものではなく、本時の目標と一体になっています。書いたものから目標に準拠した評価が可能になるというメリットがあります。一方子どもにとっては、今日の学習に対して学習成果を確認し、達成感を味わうことができます。

Q6 「まとめる」場面の討論の意義は何か

●学習問題に対する考えを吟味・考察すること

　まとめる時間には、主に次の２つの学習活動が展開されます。１つは、これまで調べたことを整理する活動です。例えば、新聞の形にまとめる。パンフレットを作成する。図表に整理する。関係図に表すなどの活動が実践されています。もう１つの重要な活動は、学習問題に対して自分の考えをまとめることです。これは学習問題に対する「答え」に当たるものを導き出すことです。

　まとめる時間の多くの実践では、調べたことを整理するだけで終わっていたところに課題があります。これでは子どもたちが完全に問題が解決した状況には至っていません。

　「まとめる」時間に、学習問題に対する考えを導き出す場面で討論を位置づけます。このことによって、学級全体やグループで考えを吟味・考察することができます。そのためには調べたことをさまざまな方法で整理したあとに、学習問題についての考えを一人一人に記述させておきます。そしてそれらを表明しながら、みんなでよりよい考えをつくり上げていきます。まさに協働的で創造的な討論活動を展開します。これは集団による思考です。

　個人で考えていたときには気づいていなかったことが、みんなで考えを出し合うことによって、「そのような見方ができるのか」とか「その考えも取り入れよう」とか、あるいは「自分の考えは少しズレていたな」など、討論の成果を意識し、これまでの考えが変更されたり深まったりします。これまでの調べ学習の足りなさに気づくこともあります。これがまとめの時間において「吟味・考察」することの趣旨です。学級で討論する意義がここにあります。

　まとめの時間における討論は、これまでの考えの不十分さに気づき、さらによりよい考えを生み出すために、個人思考の場や機会としても機能します。

　ここでは、事前に一人一人が導き出した考えが「もう１つの教材」として活用されます。その意味で、誰の「まとめ」を取り上げるかが討論の質を左右します。できるだけ多様な考えを、できれば対立しているような「まとめ」を教材として取り上げて討論すると、論点が明確になり、議論が高まります。

Q7 「学習成果を生かす」場面の討論の意義は何か

●社会との接点をつくり、社会に発信する

「学習成果を生かす」場面は、問題解決的な学習の発展として位置づけるものです。それまでの「学習問題をつかむ」「調べる」「まとめる」学習を「母屋」にたとえれば、「学習成果を生かす」場面は「離れ」に当たります。オプションというわけです。

近年、社会参画とか社会貢献などと言われるように、社会科と社会との結びつきを重視するようになってきました。学習したことが自分の生活や社会に生かされて社会科が学習として価値をもったということでしょう。知識を習得しても、それらを頭や心にしまっておいては学んだ価値がないということです。

また、ここにはこれまでの学習で習得した知識や見方・考え方を活用し、思考力、判断力、表現力などの能力をはぐくむというねらいもあります。この場面では、本来の問題解決能力が発揮できるのかもしれません。

こうした趣旨から「学習成果を生かす」場面の討論は、学習成果をもとに「これまでの自分の生活の仕方をふり返り、これからの自分の生活のあり方を考える」といった「内省型」と、「これからの社会はどうあったらよいのかを考える」といった「発信型」や「提案型」が考えられます。

ここでの討論では、これまで調べたことには共通点があるものの、それらをもとに内省したり、発信、提案したりする内容には、必ずしも一定の結論が出ないところに特徴があります。また、単に建前やきれいごとを述べ合うのではなく、現実性と責任を意識させ、本音で議論することが重要です。自分ごととしてとらえさせ、考えさせることが討論のポイントです。

地域の人口減少に伴う過疎化や商店街の衰退など、社会に見られる課題や結論が出ない困難な課題を取り上げて討論することにより、社会の現実を理解するようになります。ただおとなの社会において意見が分かれている課題を取り上げる際には、子どもの発達段階を十分考慮し、いたずらに対立だけを煽ることは避けたいものです。

3 討論のテーマをどう設定するか

Q1 討論のテーマにはどのような類型があるのか

●大きくは6つのタイプ

討論のテーマは、大きくとらえると、主に次の6つが考えられます。
○事実習得型
　社会的事象の事実を確認するためのテーマです。テーマ文には「どのような（What）」「どのように（How）」「どこから（Where）」「誰が（Who）」などの疑問詞が含まれます。
○概念獲得型
　集団での討論をとおして具体的知識をもとに概念的知識（社会的事象の特色や意味、働きや役割など）を引き出すテーマです。テーマ文には「どのような（What）」「どうして、なぜ（Why）」などの疑問詞が含まれます。
○意思決定型
　社会や社会的事象のあり方や方策などに対して、選択したり意思決定したりするテーマです。テーマ文には「どのように（How）」「どのような（What）」などの疑問詞が含まれることが多いです。
○価値判断型
　社会的事象に対して存在意義を価値づけるテーマです。テーマ文には「なぜ（Why）」のほか「どのような（What）」などの疑問詞が含まれます。
○自己内省型
　これまでの自分の生活をふり返り、これからの生活をよりよくする手だてを考えさせるテーマです。テーマ文は「どのような（What）」「どのように（How）」などの疑問詞を含めて問いかけます。
○社会発信型
　社会参画の基礎を養う観点から、社会の課題に対して解決策を考えさせ、社会に発信したり提案したりします。テーマ文には「どのような（What）」「どのように（How）」などの疑問詞が含まれます。

Q2 「事実習得型」のテーマとは何か

●社会的事象の事実を確認するもの

　社会科の授業においては、社会的事象の事実を確認し共有することがまず大切です。これは社会的事象の意味や働きなどを考えさせる前提になります。

　例えば次のようなテーマが考えられます。

> ・学校のまわりにはどこにどのような公共施設があるのだろうか。
> ・学校で使っている水道の水は、どこから来ているのだろうか。
> ・庄内平野の人々はどのような工夫をして米を生産しているのだろうか。
> ・奈良の大仏はどのように造られたのだろうか。

　これらのテーマに共通していることは、事前に調べる活動が位置づいていることです。討論のまえには、子どもたちが事実を把握していなければ、テーマ（問いかけ）にもとづいた討論は成立しません。観察したり資料活用したりして調べることなく、この種のテーマで討論を始めると、知識の豊富な子どもだけが発言する授業になってしまいます。「調べて討論する」が原則です。

　事実習得型の討論を行うときには、授業を次の3つのステップで構成するとよいでしょう。上記の「奈良の大仏」を例にします。

① 奈良の大仏の大きさを実感させたあと、「奈良の大仏はどのように造られたのだろうか。資料で調べてみましょう」と問いかけます。
② 資料などをもとに、グループであるいは1人で調べさせます。このあと、一人一人に「大仏がどのように造られたか」について整理させておきます。
③ 再度「奈良の大仏はどのように造られたのだろうか。調べたことをもとに討論しましょう」と問いかけて討論します。

　なお、このタイプのテーマには事実的な知識を確認、共有し、習得することにねらいがありますから、対立した意見が出されることはありません。ここでは、子どもたちが発言した内容を資料で確認したり補足したりしながら、多様な事実を整理、統合することに主眼があります。

Q3 「概念獲得型」のテーマとは何か

●社会的事象の特色や意味などを考えさせるもの

　ここでは、調べてわかった事実（具体的知識）をもとに、社会的事象の特色や意味、働きや役割など概念的知識を導き、獲得させます。「見えたものから見えないもの」を考えさせることです。事実習得型のテーマと比べると、やや高度なテーマになります。

　例えば次のようなテーマが考えられます。

・私たちのまちは、どのようなところだと言えますか。
・暮らしのなかの飲料水はどのような旅をしているのだろうか。
・自動車工場の関連工場はどのような役割を果たしているのだろうか。
・平安時代の文化にはどのような特色があるだろうか。

　これらのテーマに共通していることは、事前にいくつかの観点から事実を調べ確認する活動が行われることです。その意味で、本時の終末や小単元のまとめの時間に位置づけるとよいでしょう。そうでないと、事実にもとづかない発言が出されたり、討論が空中戦になったりします。

　概念獲得型のテーマで討論が成立するためには、事前に次のような活動が展開されている必要があります。上記の「平安文化」を例にします。

① 平安時代の文化について、衣食住や行事などの観点から、具体的な事象を資料で調べます。
② 先に学習した奈良時代の文化は、中国からの影響を強く受けていたことを復習します（①と②の順序を入れ換えてもよい）。
③ 「平安時代の文化にはどのような特色があるだろうか」という問いかけに対して、調べたことをもとに自分の考えをノートに記述します。
④ そのうえで、テーマについて討論します。

　ここでは、多様な考えや考え方を出させながら、予め計画・予定されている概念的知識が獲得できるよう一定の方向に導くことが教師の役割です。

Q4　「意思決定型」のテーマとは何か

●自分の考えを選択・決定させる

　これは、よりよいものを選択する力や意思を決定する力などが発揮されるテーマです。社会的事象に対して自分の考えを選択・決定させるもので、そこでは合理的、科学的に説明する力も求められます。

　例えば次のようなテーマが考えられます。

・スーパーマーケットで売られている野菜のふるさとをまとめるにはどうしたらよいでしょうか。
・ごみ袋を有料化することに、賛成ですか。反対ですか。
・少なくなってきた水産資源を守るには、どうしたらよいでしょうか。
・条約改正に最も貢献したのは誰でしょうか。

　これらのテーマに共通していることは、いずれも判断力を求めていることです。判断するためには、いくつかの選択肢を用意し、そのなかから適切なものを選択し決定させることもできます。その際、どうしてそれを選んだのか。どうしてそのように決定したのかについて説明できるようにする必要があります。すなわち、判断基準をもつことが大切になります。

　また、「ごみ袋を有料化することに、賛成か。反対か」のような二者択一のテーマに対して意思決定する際には、自分の立場を明確にし、その根拠や理由などを考えさせます。Which 型のテーマは、討論が白熱するタイプの1つです。論点が明確だからです。ただ、子どもたちは明確な選択をせず、両者の利点を取り入れるなど、バランスをとった考え方をする子どももいます。第3の立場をつくることも考えられます。

　上記のうち、「野菜のふるさとをまとめるにはどうしたらよいか」というテーマは、学習内容に対して意思決定するのではなく、学習の仕方、ここではよりよいまとめ方を決めさせるためのものです。意思決定する対象には、学習の内容と方法の2つがあることを押さえておくとよいでしょう。

Q5 「価値判断型」のテーマとは何か

●社会的事象の存在を価値づける

　社会的事象をどう見るかという視点の1つに、その存在を社会的に意義づけたり意味づけたりすることがあります。これは社会的事象を価値づけることです。価値観は人によって異なることがありますから、必ずしも一定の結論が出ないこともあります。ここでは、一人一人の生き方や考え方が投影されますから、社会科においては討論のテーマとして重要なものです。

　例えば次のようなテーマが考えられます。

> ・スーパーマーケットは地域の人々にとってどのような役割を果たしているのだろうか。
> ・地域の人たちが伝統産業を守っているのはどうしてだろうか。
> ・新聞、テレビ、ラジオのそれぞれよいところはどこだろうか。
> ・これまで「日本の歴史」を学んできたのはどうしてだろうか。

　これらのテーマに共通していることは、前述した意思決定型と同様に、いずれも判断力を求めていることです。その意味で、価値判断することは意思決定の1つだと言えます。社会的事象を具体的に調べ、その意味や役割などがわかってくると、その価値に徐々に気づいていきます。

　価値判断型のテーマによる討論が成立するためには、事前に次のような活動が展開されている必要があります。上記の「伝統産業」を例にします。

① 地域の伝統産業には、原材料や道具の入手が困難になってきたこと、製品の販売が低下していること、後継者が不足していることなどさまざまな課題があることについて、調査したり資料を活用したりして調べます。
② 多くの課題があるなかで、人々は伝統産業を守るためにさまざまな工夫や努力をしていることに気づきます。
③ 上記のテーマに対して自分の考えをノートに記述したうえで討論します。
　このタイプのテーマには、一定の結論が出ないところに特色があります。

Q6 「自己内省型」のテーマとは何か

● 自己をみつめこれからを考えさせる

　ここでいう「自己内省」とは自己内で対話することです。これまでの生活をふり返り、これまでの自分の考え方や生活の仕方はどうだったのだろうかを考え、これからの自分のあり方や生き方を考えさせるものです。

　例えば次のようなテーマが考えられます。

・交通事故にあわないようにするためには、どうしたらよいだろうか。
・自然災害に備えて、どのような準備をしておくとよいのだろうか。
・わが国の農業を発展させるために、私たちにできることは何だろうか。
・この1年間の社会科学習でどのようなことを学んだか、ふり返ろう。

　これらのテーマに共通していることは、学習したことをもとに「自分」を強く意識させることにあります。これまでの社会科学習では、社会や社会的事象について学び、理解することで終わっていました。しかし、習得・獲得した知識を実生活に生かすことが教育の本来の役割ですから、「どうしたらよいか」といったテーマで討論することは、社会的事象を自分のこととしてとらえ、これからの自分のあり方を考えさせる機会にもなります。

　そのためには、社会的事象と自分（たち）との関わりを意識させることがポイントです。支えられている、影響を受けているなどの結びつきを理解することにより、社会的事象を自分ごととして考えるようになります。

　このタイプの討論では、ややもすると建前が先行しがちです。道徳の時間ではありませんから、これまでの授業で学んだ学習成果を踏まえ、習得した事実（知識）にもとづいて発言させるようにします。また、これまでの自分の考え方や生き方とも結びつけて考えさせ、本音で討論させます。

　授業では、授業者が子どもたちの発言をどう整理し、論点を明確にするかが問われます。ただ発言させればよいというものではありません。一定の結論が用意されていないだけに、教師の立ちふる舞い方がカギを握ります。

Q7 「社会発信型」のテーマとは何か

●社会参画への基礎を養う場として

　社会に見られる課題をテーマに、その解決策を協働で考えさせるとともに、それを関係者などに提案したり、社会に発信したりするものです。先の自己内省型のテーマが内向きであるのに対して、社会発信型は外向きだと言えます。いま、よりよい社会の形成に参画できる資質・能力の基礎を養うことが学校教育に求められています。このタイプのテーマは、社会参画の観点から重要な意味をもっています。

　例えば次のようなテーマが考えられます。

・地域の農家をもっと元気にするにはどうしたらよいだろうか。
・節水型の社会にするには、どうしたらよいだろうか。
・わが国の食料自給率を上げるために必要なことはどのようなことだろうか。
・若者の投票率を上げるためにはどうしたらよいだろうか。

　これらのテーマに共通していることは、「どうしたらよいか」と問いかけ、子どもの立場からよりよい「方策」を考えさせていることです。子どもらしい社会への願いと言ってもよいでしょう。これは社会科で学んだ学習成果を実社会に生かそうとする１つの姿だと言えます。学校教育と地域社会、知識と生活との結びつきを図っているものです。

　そのためには、討論の結果を社会に発信する場を具体的に設けるとよいでしょう。例えば、農家の人に手紙を書く。市長さんに伝える。地域の掲示板に掲示する。議員さんに提案するなど、伝える対象を明確にして相手意識をもたせ、具体的に伝達する行動を起こすことも考えられます。伝えた相手方からリアクションが期待され、新たな評価を受ける機会にもなります。

　社会発信型のテーマによる討論は、小単元のまとめを行ったあと、発展的な学習として位置づけることが一般的です。

　これからの社会科授業では、時間の許すかぎり社会に見られる課題を取り上げ、社会との接点をつくることが求められます。

Q8 「ブレーンストーミング型」のテーマとは何か

●自由な雰囲気のなかでワイワイガヤガヤ

　ブレーンストーミングとは、教員の研修会などで取り入れられていますが、一定のねらいを設定した話し合いとしてはあまり行われていないようです。『独創力を伸ばせ』（A. F. オズボーン著・上野一郎訳、ダイヤモンド社）によると、ブレーンストーミングを実施する際には、他人の意見を批判しない。自由奔放に意見を述べてもよい。多くのアイデアを出す。他人の意見を受けて、意見を述べるなどの注意点（ルール）があると言います。

　例えば次のようなテーマが考えられます。

・商店街の空き店舗にどのような店を開店させたらよいだろうか。
・自然災害から身を守るためには、どうしたらよいだろうか。
・わが国の人口の減少をくい止めるにはどうしたらよいだろうか。
・駅前の空き地をどのように有効利用したらよいだろうか。

　これらのテーマに共通していることは、これまでにあげたテーマとも一部重複していることです。特に社会発信型のテーマとの類似が見られます。ブレーンストーミングには、さまざまな意見を自由に出し合うことに主要なねらいがあると言われています。子どもたちを一定の結論に導くことを想定していないからです。子どもらしい創造性や独創性など斬新なアイデアを生み出し、それらを出し合うことにねらいがあるからです。

　とにかく自由な雰囲気のなかで自由に意見を出し合い、ワイワイガヤガヤ討論するところに特色があります。

　ただ討論として成立させるためには、勝手に意見を述べるのではなく、発言するときには手を挙げて意思表示する。指名されてから発言する。聞き手は発言者のほうを見て最後まで話を聞く。次の発言者は前の発言内容につなげて発言するなど、討論する際のルールやマナーを子どもたちに徹底させておきます。どのような意見も受け入れられる自由な雰囲気が醸成されていることが重要です。

Q9 討論のテーマをどう設定するか

●学習過程のどこに討論を位置づけるか

　討論のテーマを設定し、子どもたちに実際に討論を促すとき、重要なポイントは問題解決的な学習過程のどこで討論を促すかということです。学習過程の場面によって、討論のテーマも次のように違ってくるからです。

　各過程において例えば次のようなテーマを設定することができます。

・学習問題を設定する場面のテーマ例

　「資料を読み取りながら、どのような学習問題がつくられるでしょうか」

・学習問題に対して予想する場面のテーマ例

　「学習問題に対してどのような予想を考えますか。多様な予想を出し合ってより確かな予想を考えましょう」

・調べる場面のテーマ例

　「『今日のめあて』に対してどのようにまとめることができますか」

・小単元のまとめの場面のテーマ例

　「学習問題に対して、調べたことをもとにどのようなことが言えますか。自分の考えを出し合い、より確かな考えに高めましょう」

　問題解決的な学習のすべての場面に討論を位置づけるときには、それぞれに充てる時間を想定しておきます。討論として伯仲する場面は、まず予想する場面です。多様な予想とその根拠が出され、対立する場面が生まれてくると、問題解決への意欲が高まってきます。ここでは、学級やグループで予想を集約することをせず、あくまでも一人一人にしっかりした予想をもたせることがポイントです。個の考えを確立させることを討論の目的にします。

　いま１つの討論を設定する場面として重視したいのは、小単元のまとめの場面です。討論のまえに一人一人に自分のまとめ（考え）をしっかりもたせておきます。できれば子どもたちのまとめ方が多様であることが理想です。違いを教材として活用し、討論の材料にすることができるからです。喧々囂々の討論を展開し、協働してよりよい考えを生み出します。よりよい考えをみんなで吟味し合うことがここでの討論の目的です。

4 討論をどう進めるか

Q1 討論にはどのようなタイプ（形態）があるか

●基本的には3つの形態がある

　ここでいう「タイプ（形態）」とは、討論を行う集団の大きさを言います。学級で学習を展開するとき、基本は学級全体で行う一斉学習です。これ以外に3～6人程度で構成するグループ（班）での学習や1人での個別学習があります。討論を進めるときの形態も基本的にこれに準じますが、1人で討論することは考えられません。

　学習集団からみた討論のタイプ（形態）には次の3つが基本になります。
① 学級全体での多人数による討論
② 3～6人程度の少人数での討論
③ 2人が組になって対話的に行う討論

　ここにはおのずから難易度があります。2人がペアになった討論は比較的容易に行うことができます。そのため、低学年や討論に慣れていない子どもたちに適しています。小集団による討論に3～6人と人数の幅があるのは、討論する力の習得状況によって人数を増やしていくことを意味しています。子どもたちの能力に合わせて小集団を構成しないと、討論が成立しません。

　30～40人近くの多人数で構成される学級集団で討論するときには、子どもたちにかなりの熟練が求められます。討論する力の習得状況を見きわめて実施しないと、発言力のある子ども、声の大きな子ども、知識の豊富な子どもなど一部の子どもだけが活躍する討論になってしまいます。人数が多くなると、おとなでも討論に参加しづらくなり、つい聞き役になってしまうものです。

　小集団での討論をじっくり体験させ、そこでまず討論することの楽しさを味わわせます。討論するときのルールやマナーも体得させます。そして、何よりも、なぜ討論することが大切なのか。討論の意義を実感させることです。

　多人数で討論が展開されるようになると、多方面から多様な考えが出され、討論に活気が生まれます。討論の醍醐味を味わわせることができます。

Q2 何を材料にして討論を進めるとよいのか

●重要なことは事実をもとに述べ合うこと

　テーマに対して自分の考えを出し合い、よりよい考えに高めていくところに討論の意義があります。その際出される考えは、単なる空論ではなく、地に足が着いたものであることが重要です。地に足が着いているとは事実にもとづいていることであり、自分の考えに確かな根拠があることです。

　例えば「米づくり農家ではどのような工夫をしているか」について討論する場面では、次のような発言です。

・農家の人は田んぼに流れる水のことを気にして米づくりをしています。田んぼを見学したとき、おじさんが「稲の状態を見て、水を入れたり、水を抜いたりしている」と言っていたからです。（これは聞き取り調査したことをもとにした意見の表明です。）

・学校の田んぼで稲を育ててきましたが、すずめが来てせっかく実った実を食べてしまいました。農家の人はすずめ対策をしていると思います。（これは自らの体験をとおして感じたことをもとにした意見です。）

・資料を見たら、「農薬をできるだけ使わないようにしている」と書かれていました。これは安全な米をつくるための工夫だと思います。（これは資料を見て発見した事実をもとに述べている意見です。）

・日曜日に田んぼを見に行ったら、働いている人は誰もいませんでした。米づくりは楽な仕事ではないかと思いました。（これはたまたま観察した場面を一般化して類推している意見です。）

　討論するとき何より重要なことは、「事実」にもとづいて考えたことを率直に出し合うことです。事実とは、資料だけでなく、観察したことや調査したこと、そして自らの生活経験や体験などさまざまなことを含みます。これまでの学習で身につけた知識や見方・考え方なども重要な根拠になります。討論を設定するまえには、討論の材料を仕入れる活動を組み入れます。

Q3 討論の結果をどう生かすのか

●一人一人に思考や理解の変容を自覚させる

　討論の結果をどうするかという問題は、そもそもなぜ討論させるのかということと連動しています。討論する目的には、多様な意見を出し合いながら自分の考えをより確かなものとして確立させるためと、みんなでよりよい考えを創造していくための2つがあります。

　このことを踏まえると、討論を行ったあとの教師の問いかけにも次の2つが考えられます。前者の場合には、「討論を行った結果、自分の考えはどのように変わりましたか。理由も含めて現在の考えをまとめなさい」と促します。

　例えば次のようなまとめ方を期待します。

> 　討論するまえには、○○○だと考えていましたが、AさんやBさんの意見を聞いていたら、これまでの自分の考えの足りないところに気づきました。それらの考えも取り入れて、私の考えは□□□と変わりました。

　一方、後者の場合には、「討論を行った結果、学級としてどのような考えにまとめられますか」と問いかけてノートなどに記述させます。例えば次のようなまとめ方を期待されます。

> 　討論するまえには、私は○○○だと考えていました。友だちからいろんな考えが出されました。それらの考えを調整したら、学級として□□□とまとめたらよいと思います。

　討論の結果を生かすポイントは、子ども一人一人に自己の考えや理解がどのように変容したのか。それは誰のどのような考えに影響されたものなのかを意識させて、現時点の考えを再度まとめさせることです。これは深まりのある学びを保障するものです。また、討論したことに対して満足感や成就感を味わわせ、自己の成長を自覚させることも大切です。

Q4 子どもに討論の技能をどう身につけさせるか

●技能は気づくまえに教えること

　何ごともそうですが、子どもたちが技能に気づくのを待っていると、きわめて非効率的です。教育には教えることと育てることがありますが、技能は、知識と同じように教えることに当たります。子どもたちが討論を展開するためには、例えば次のような技能が必要になります。

・討論のテーマに正対して意見を述べることができる。意見に対して、合理的、科学的な理由が説明できることで、具体的には「例えば」「根拠は」「つまり」などのつなぎ言葉を使って意見が述べられることです。
・相手が理解できるように筋道を立てて述べることができる。はじめに、「言いたいことは２つあります」などと述べさせたり、「結論は〇〇〇です。その理由は△△△です」などの話型を指導したりしています。
・先に発言した内容に関連づけて意見を述べることができる。ここで言う関連づけるとは、賛成、反対、質問、ほかの意見などがあります。結びつけて発言するためには、聞く力と話す力が求められます。

　討論の仕方を知識として身につけても実際に使えなければ、技能として身につけたことにはなりません。知識を技能として習得させるためには繰り返し体験させること以外にありません。時には失敗を繰り返しながら、不十分さを克服していくことによって、話上手な子どもが育っていきます。

　討論には進行役が必要です。３〜６人程度の小集団での討論であれば、リーダー格の子どもが司会をしたり、輪番で決めたりできます。進行役には指名したり論点を整理したりするなどそれなりの技術が必要です。学級で討論するときには子どもだけに任せることは難しいでしょう。ブレーンストーミングのような自由に意見を言い合うだけの場合にはそれほど難しくはありません。教師が討論の方向性やねらいを定めているときには、教師が進行するほうが効果的です。子どもを観察しながら一人一人に出番をつくることができるからです。

Q5 子どもの討論のマナーをどう指導するか

●マナーの基本は人間関係づくり

　教師が魅力のあるテーマを設定し、子どもたちがいかにしっかりした考えをもっていても、それらが学級のなかに素直に出されなければ討論は成立しません。その集団の雰囲気が討論の質を大きく左右するからです。

　討論を効果的に進めていくためには、ルールやマナーが必要です。これは討論の授業にかぎらず、授業そのものにおいて求められることであり、学級集団づくりの基盤に当たるものです。とりわけ討論を展開する際に求められるマナーには、次のような事柄があります。

・発言したいときには、手を挙げて意思表示します。
・指名されてから発言します。
・発言者は友だちのほうを向いて発言します。あまり長くならないように要点を絞って話すようにします。
・次の発言者は、前に発言した内容につなげて発言するようにします。
・反対意見を述べるとき感情的にならず、冷静に理由などを述べます。
・聞き手は発言者の顔を見ながら聞きます。うなずきながら聞くと、相手は話しやすくなります。
・発言が終わるまで、最後まで聞きます。

　これらは話し方、聞き方に関するマナーです。できるだけ早い時期に指導しておきます。習慣づけることが大切です。

　マナーには直接当たらないかもしれませんが、仮に間違ったことを発言したり、不十分な内容だったりしても、それらを笑ったり茶化したりしないことは基本中の基本です。たとえ間違ったことを発言しても、助けてくれたり補ってくれたりする雰囲気の学級であることが必要です。マナー指導の基本は互いに認め合い尊重し合う人間関係をつくることです。学級のなかに学び合う雰囲気をつくり上げていくことが討論のマナーをよりよくすることにつながります。

Q6 討論する時間はどれくらいがよいのか

●時間はあくまでも想定したもの

　討論の時間は、テーマの内容によって決定されます。結論の出にくい大きなテーマであったり、多様な意見が出される幅のあるテーマだったりすると、1単位時間（45分間）を丸ごと討論に充てることもあります。また、10分程度の短時間の討論もあります。

　また、討論する際の集団の大きさによっても費やされる時間が決まってきます。一般には、3～4人程度の小集団の場合は5～10分程度が適切でしょう。学級全体で討論する場合には、一人一人が意見を述べるだけでも十分な時間が必要です。特定の子どもだけが発言するのではなく、どの子どもにも発言の機会を与えるには、十分に時間を用意しておく必要があります。

　指導計画には想定時間を予め記述しておくことは大切ですが、実際には予定よりも早く終了することもあります。重要なことは、討論がはい回ってきたときには思い切って中断したり方向を転換したりすることです。討論の方向性が定まってきたときにはその時点で打ち切ることもあります。要するに時間は計画するものの、子どもたちの討論の状況を見て、臨機応変に対処することが重要です。授業者の授業観察力と適切な状況判断力が問われるところです。

　議論が白熱してくると、子どもたちは時間を忘れて討論を続けることもあります。このような姿が討論の理想かもしれません。かつて次のような子どもに出会ったことがあります。

・「先生！　話し合ったのですが、ぼくたちの結論がまだ出ないのです。討論の時間をもう少しもらえませんか」と時間を要求してきました。
・授業の終了のチャイムが鳴ったのですが、気づいていないのか、討論を止めようとしません。子どもたちだけで延々と議論をつづけていました。

　子どもたちには、時間を忘れて討論することの楽しさを味わわせたいものです。討論をとおして子どもの人間関係がさらに深まることもあります。

Q7 空中戦にならないようにするにはどうしたらよいか

●論点を整理して、討論を焦点化する

　空中戦とは、一般に飛行機による空中での戦いのことを言います。地上戦と違って地に足が着いていない状態です。このことから、空理空論であったり、根拠にもとづかない意見のやりとりのことを空中戦と言うことがあります。頭の上でさまざまな意見が行き交い、ただ聞いている子どもにとっては自分ごととして理解できない状況でもあります。

　討論が行き詰まってきたり、発言者が一部の子どもにかぎられたりしてくると、論点が不明瞭になり、はい回ってしまうことがあります。また、発言の内容がかみ合わなかったり、抽象的な言葉が行き交ったりするようになります。討論に緊張感が薄れ、討論のために討論をしているような状態に陥ることもあります。このような状態をここでは空中戦と表現しています。

　このような討論にならないようにするためには、教師が子どもたちの発言を交通整理する必要があります。これは教師が論点を整理して、その視点を子どもたちに常に意識させることです。このことによって、焦点化された討論が行われるようになります。

　論点が明確になってくると、子どもたちは自分の立場を明確にしようとします。立場をハッキリさせるためには判断力が問われます。どうしてその立場なのかが明確になると、そこでは理由や判断基準が求められます。

　討論が緊張感を維持しながら行われるためには、多様な考え方の違いなど論点を整理して、討論を焦点化することです。ここに教師の重要な役割があります。そのためには、教師は一人一人の子どもの意見の真意を探り、瞬時に立場や傾向性をとらえることが求められます。これは広義の子ども理解と言えるでしょう。

　討論が空中戦にならないように、教師はただ聞いているだけでなく、変容していく子どもの状態を理解する必要があります。そして、子ども一人一人の考えを生かす観点から意図的に指名します。意図的とは教師のねらっている方向に子どもたちの考えを導いていくことです。このことは、討論を持続的に発展させることであり、討論の質を高めていくことだと言えます。

Q8 つなげて発言させるにはどうしたらよいか

●つなげて発言することの意味を指導する

　授業中の子どもたちの発言を聞いていると、それぞれが関わっていないことが多いように思われます。たとえ発言の回数は多くても、単なる発表や報告や説明であって、討論という形態になっていないことがあります。こうした状況が見られるのはどうしてでしょうか。その理由を端的に言えば、子どもたちの発言が個々バラバラで相互に関わり合っていないことがあげられます。討論として成立していないのです。

　では、つなげて発言できるようにするためにはどのようなことを指導する必要があるのでしょうか。それは、つなげて発言する方法とつなげることの意味を指導することです。例えば、次のようなことを指導します。

　まず、先に発言した人の意見に対して、常に自分の立場を明確にさせます。具体的には、先の発言内容に賛成するのか、反対なのか。それとも不明なことがあり、質問したいのか。さらにはほかの意見を述べたいのかを瞬時に判断させます。そのうえで、その結果を意思表示させます。

　次は、意思表示のさせ方です。一様に挙手させると、一人一人の考えの違いが見えませんから、教師は誰がどのような考えなのかを把握することはできません。そこでハンドサインで合図させます。例えば、賛成意見であれば１本指で示します。反対意見を言いたいときにはチョキで合図します。質問がある場合には手をグーにさせます。このことによって、教師は一人一人の考えを瞬時に把握することができます。子どもたちも同時に知ることができます。

　そして、教師は子どもの指の合図（ハンドサイン）を見て、意図的に指名します。子どもは「○○さんに賛成します。私も……です」、「いまの意見に反対です。その理由は……です」などとつなげて発言するようになります。子どもたちの発言がつながると、討論の中身が深まっていくことに気づきます。子どもたちはつなげて討論することの意味や大切さにも気づいていきます。

　つなげて発言する子どもを育てるポイントは、つなげて発言する方法を指導し、教師が意図的に指名して、子どもの考えをつなげてやることです。

Q9 討論の進行は誰がやるのか

●まずは教師が行い、手本を示す

　討論を行うときには進行役が必要です。勝手にわいわい話すのでは収拾がつかなくなってしまうからです。その進行役は討論を行う集団の大きさによって決まってくるでしょう。

　まず、進行役の役割を整理しておきます。

・討論のテーマを設定します。
・発言者に挙手をさせ、指名します。
・複数の発言者が発言したあと、論点を整理します。
・論点を明確に示して、さらに討論を深めます。
・討論の結果、およその結論や方向性を示し、確認します。

　このように見ると、進行役の役割はきわめて大きいことがわかります。授業の質を左右すると言ってもいいでしょう。学級全体で討論するときには、教師が進行します。教師はその時間のねらいを意識していますから、子どもたちを意図的にその方向に導いていくことができます。教育的な配慮のもとに、討論を効率的に展開させることができます。子どもたちは教師の進め方を見て、進行の仕方を学ぶ機会にもなります。

　次にグループで討論する場合です。グループごとに進行役を決めさせます。その方法は、班長などリーダー役が務める。輪番で行う。希望する人が務めるなどが考えられます。いずれかにするか、教育的な配慮が求められます。少ないときには、進行役を特定しないことも考えられます。自由討議です。

　さらに、2人で行うときです。これはバズセッションですから、進行役は必要ないでしょう。これは一般に対話とか対談などと言われています。

　進行役を子どもに委ねる場合には、事前に討論の手順を伝えておきます。また、発言者が偏らないように公平に指名したり、内容が不明なときには再度説明させたりするなど進行の仕方を指導しておきます。

Q10 子どもをどのように指名すればよいのか

●教師の意図的指名が討論の質を左右する

　指名を教師がする場合と子どもがする場合の2つがあります。まず、子どもに発言する子どもを指名させる方法について考えてみます。これは相互指名と言われています。これには発言の内容に連続性が薄く、学習に深まりが見られないという課題があります。多くの場合、話し合いにまで至っていないことが多いようです。

　ここでは教師が討論の進行役を務めるときの配慮事項について述べることにします。指名の仕方には次のような方法があります。

○　機械的に指名する方法です。例えば子どもが座っている列を決めて、前から（あるいは後ろから）順に発言させる方法です。

○　挙手などで意思表示した子どもを指名する方法です。これには、さらに次のような方法があります。

・アットランダム（無意図的）に指名する。

・ある意図をもって計画的に指名する。指名計画にもとづいた指名です。

・はじめに数名指名し、そのあと順に発言させる。

　「たかが指名」ですが「されど指名」です。指名の仕方1つで討論の質が大きく変わります。特に最初に誰を指名するかがキーポイントになることがあります。賛成意見と反対意見を相互に指名すると、対立の構図が鮮明になります。同じような考えの子どもを連続して指名しつづけると、それに反対する子どもはいらいらして発言を求めてきます。その場の雰囲気を感じ取って、教師は「ここであの子を指名して出番をつくってやろう」「ここで、あの子に発言させて、これまでの考えをゆさぶってやろう」などと、指名を楽しむことができます。これこそが授業の醍醐味と言えます。

　子どもを指名する問題は、一人一人をどう生かすかということと、討論の深まりをどうつくるかということの2つの課題に挑戦することです。

Q 11 子どもから発言が出なくなったときどうするのか

●その場に応じて臨機応変に対応する

　討論のテーマを設定して討論を促しても、一部の子どもが発言するだけで討論が停滞してしまったり、発言が出なくなってしまうことがあります。このような場面に出くわしたときこそ、教師の役割が問われます。その場の状況を的確に把握し、適切な出番が求められます。

　子どもたちを観察しながら、意見が出ないのはなぜかを考えます。意見が出されないとき、その背景や理由には、次のようなことが考えられます。

・テーマが高度であるために、自分の考えがもてない。
・テーマに対する考えが硬直化していて、多様な意見が考えられない。
・論点が明確でなく、何について主張するのかが不明確である。
・考えるための元になる知識を習得していない。
・テーマに対して、学級内ですでに合意が成立している。
・意見を表明することに恥ずかしさや躊躇を感じている子どもが多い。
・学級に自由に意見を言い合う雰囲気が醸成されていない。

　意見が出されない背景や理由にもとづいて、それぞれ対応策を考えます。子どもを観察して課題を把握することとその解決策や対応策を考えることは、授業の進行と同時に、瞬時に取り組まなければなりません。

　「テーマが高度であるため」と判断したときには、テーマ文を易しく、分かりやすい内容に変えて、改めて提示します。また、「どの子も自分の考えをもっていない」ときには、それまでの意見などを参考にして自分の考えをまとめ、ノートなどに記述する時間を設けます。学級全体で討論するまえに、小グループや2人が組になって意見交換させる方法もあります。

　討論を活発にするためには、まず一人一人に自分の考えをもたせ、それを表明し合うことの楽しさや大切さを味わわせるようにします。日ごろの学級経営において、豊かな人間関係、信頼関係を培うことが基盤になります。

Q 12　討論に参加できない子どもに発言をどう促すか

●教師が子どものノートを代読する

　討論を展開すると、学級のなかに討論に参加していない子どもがいることに気づきます。そうした子どもも参加できるようにするためには、教師はどのような心配りをすればよいのでしょうか。

　まず、どうして参加できないのかをその子どもに即して観察、分析します。参加していない理由や背景には次のようなことが考えられます。

・自分の意見をもっていないために発言できない。この場合、テーマの趣旨そのものを理解していないことと、理解しているが考えることができないことが考えられます。
・自分の意見をもっているが、その言い表し方がわからないために発言できない。表現技術を習得していないためです。
・自分の意見をもち、表現する技術も意欲もあるが、周囲の人たちのことを気にして発言しようとしない。学級の雰囲気に問題があります

　討論に参加しないのか、参加できないのかをまず検討します。そのうえで、当該の子どもに対して自分の考えをもたせたり、話し方を身につけたりする直接的な指導を行います。周囲の子どもたちに対する指導も欠かせません。

　また、しっかりした考えがノートなどに書かれているにもかかわらず、発言することを躊躇している場合には、本人の了解を得たうえで、教師がその子どもに代わって読み上げてやるとよいでしょう。そして、優れたところなどを価値づけたり意義づけたりします。このことによって、発言を躊躇していた子どもは自信をもち、発言することへの意欲も徐々に高まってきます。その子どもの考えを周囲の子どもたちに伝えることにより、周囲の子どもたちはその子どものよさを知る機会にもなり、子ども相互の理解が深まります。

　討論に参加できない子どもがいる場合、教師にはその子どもを生かす度量の広さが求められます。

Q 13　教師は討論の模様をどう板書するか

●考えの違い（論点）を見える化する

　板書された事項は子どもたちに思考を促したり理解を深めたりする「もう1つの教材」です。「板書を見れば、授業がわかる」とも言われるくらい、板書は授業の質を左右する重要な役割をもっています。

　討論の場でも板書を有効に活用することが求められます。子どもたちから出された個々の意見を板書において位置づけ、その考えの立ち位置が明確になるように板書を構成します。

　テーマに対して多様な論点が出される場合には、テーマを中央に記述し、個々の考えを周囲に書き込んでいきます（下図の左）。一方、テーマに対して、賛成か反対か。あるいは中間意見など、ある程度類型化できる場合には、板書を2分割あるいは3分割にして書き込んでいきます（下図の右）。いずれの場合にも、それぞれの子どもの立場が見えるように、子どもの名前を書いたプレートなどを示す方法もあります。

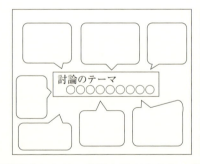
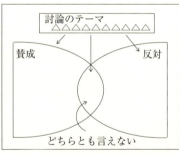

　板書することは、多様な子どもたちの考えの違い（論点）を見える化することです。それは子どもの思考や理解を支援するものでもあります。意見の違いや傾向性など討論の状況が目に見えると、自分や友だちの立ち位置が明確になり、討論への参加意欲も高まります。討論の途中で、考えが変わった子どもには自分のプレートを移動させることもできます。

　教師は討論の模様をどう板書構成するか。予め板書計画を作成しておくと、討論を進行させるときのイメージトレーニングにもなります。

Q14 子どもたちの机の配置をどうするか

●討論型に配置し発言しやすくする

　机の配置は、討論に当たっての物的な環境整備の１つです。講義方式の机の配置では、ある人から話を一方的に聞くことには都合がよいスタイルですが、討論には向いていません。

　子どもたちが話しやすく、聞きやすくするためには、机を互いに向かい合った関係にすることが基本的な配置です。互いの顔が見えることが原則です。

　学級全体で討論する場合には、テーマに対する子どもたちの応答の類型を想定してさらに細部に検討します。例えば次のような配置が考えられます。図１は、一般的な配置で、前方に教師の教壇があります。図２は、まさに討論型の配置と言えます。図３のような対面型は、意見が大きく２つに分かれた場合に適しています。図４や図１などは、意見が３つに分かれたときです。

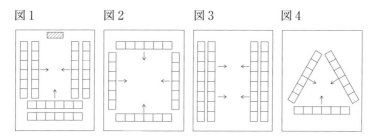

図１　　　図２　　　図３　　　図４

　このように、討論の内容によって、机の配置もさまざまなタイプが考えられます。なお、いずれにおいても、学級の人数が多い場合には、一辺が２列で構成され、前段と後段の子どもは一方向を向くことになります。互いに顔が見えませんが、やむを得ないでしょう。

　机の配置は討論の形態によっても違ってきます。グループで討論するときには、学校給食の時間など日常の生活班を活用することが一般的です。２人で対話するときには、隣同士の場合特に机の移動は必要ないでしょう。

　討論型の机の配置は、通常の授業場面とは違いますから、討論の場面になったときに、短時間で、かつ大きな音を立てずに、机のスムーズな配置替えが必要です。日ごろから繰り返し実施することによって、習慣化するものです。

Q 15　教師は討論の様子をどう評価するか

●評価の観点をまず押さえて情報を収集する

　どのような場面でも同じですが、評価に当たって重要なことは、どのような観点を設定し、どのようなものさし（規準）で評価するかということです。ただ漫然と観察するだけでは評価にはならないからです。

　討論の場面において、主要な評価の対象は2つあります。まずは討論への参加の態度です。観点は「学習態度」です。例えば、主体的に自分の考えを述べているか。友だちの考えにつなげて発言しているか。友だちの発言を受けとめているか。友だちの意見に学ぼうとしているかなどが主な規準になります。

　次は、発言の内容を対象に評価することです。これは理解力や思考力、判断力の状況を評価するものです。観点は「知識」や「思考、判断、表現」です。例えば、テーマに正対して発言しているか。発言の内容が的を射ているか。社会科の内容を理解したうえでの考えや判断か。討論をとおして自分の考えをより確かなものにしているかなどが主な規準になります。

　さらに、社会科とは直接関わりはありませんが、討論の場での子どもの発言から、話し方や聞き方などの技能面を評価することもできます。ここでの観点は「技能」です。学習技能すなわちラーニングスキルを評価します。

　これらを総合すると、討論の場面では、理解したことや思考・判断したことの内容と技能を含めて「表現力」を評価することができます。

　討論の場面で評価するとき、発言の回数など学習意欲や態度のみに教師の目が向きがちです。ただ「生き生きと発言していた」「発言の回数が多かった」「友だちの意見をよく聞いていた」だけでは社会科の評価になりません。社会科として評価するためにはどのような内容のことを発言していたかなど、発言した内容と関連づけることが何より重要です。

　討論の場での評価を考えるとき、子どもが相互に評価する機会を設けます。誰のどのような考えが特に参考になったのか。わかりやすい内容を発言したのは誰かなど、相互評価することによって、子ども相互の理解が深まります。合わせて、討論したことに対して自己評価を促すことも大切です。

II 各単元の いち押し討論テーマ100
―討論の進め方ポイント―

　討論型のアクティブ・ラーニングをと言われても、なかなか思い当たらないのが「テーマ」だと思います。ここでは、学年ごとに「いち押し討論テーマ」を紹介しています。それぞれのテーマについて、次のような項目を共通的に設定して解説します。

●事前の指導・実施場面
　ここでは、討論の事前に準備しておきたいこと、討論を位置づける場面、またテーマによっては討論の意義などについても述べています。

●討論の進め方
　ここでは、討論を進める際の大まかな手順や内容について、教師の発問や指示、子どもの発言例を取り入れながら、順を追って説明しています。

●結果のまとめ
　ここでは、討論のあとの発展について述べています。どのようにまとめるかなど、結果の処理の仕方についても示しています。

　なお、テーマごとに、討論のテーマに関連して、基本情報を下記のように示しています。

・関連単元は本テーマを取り上げる小単元を明記しました。
・討論の形態は、学級全体か、グループか。主な学習形態を示しました。
・テーマのタイプは、主にⅠ章3節、Q1（p.30）にもとづいています。
・所要時間は、10～20分の範囲をショート、25～40分の範囲をロングと表記しています。

1 **3年**の討論テーマと進め方

Q1　学校のまわりはどのような様子のところだと言えるだろうか

関連単元	学校のまわりの様子	討論の形態	学級全体
テーマのタイプ	概念獲得型（総合化する思考）	所要時間	ロング

●事前の指導・実施場面

　事前には、「学校のまわりはどのような様子のところだろうか」という学習問題のもとに、学校のまわりの様子を東西南北の方角ごと、または道路や川などに沿ってコースごとに観察し、それらの様子を絵地図に表しておきます。討論は出来上がった絵地図を見ながら行いますから、本小単元の終末が実施場面になります。

●討論の進め方

> ①　これまで調べてきたところがどのような様子なのか。グループで作成した絵地図を活用してグループごとに発表させます。
> ②　グループごとに作成した絵地図を合体させて1枚の大きな絵地図に完成させます。
> ③　出来上がった絵地図を見て、「学校のまわりはどのような様子のところだと言えるか」をテーマに討論します。ここでは、地形や土地利用、交通の様子などの観点から町全体の傾向性をとらえさせます。

●結果のまとめ

　討論をもとに、町の様子は場所によって違っているといった概念的な知識を獲得させます。そのうえでイメージした町の様子をひとことで表すと、どのようなキャッチコピーになるかを考えさせ、ノートに書かせます。これまでの学習成果をパンフレットの形式にまとめさせることもできます。

Q2　市の郊外にショッピング・モールがつくられているのはなぜか

関連単元	学校のまわりの様子	討論の形態	グループ
テーマのタイプ	概念獲得型（因果関係の思考）	所要時間	ショート

●事前の指導・実施場面

　ショッピング・モールの場所を地図で確認すると、市街地から遠く離れたバイパス沿いなどにつくられていることに気づきます。買い物客には住宅地や鉄道などの駅に近いところのほうが便利であることをまず押さえます。そのうえで、どうしてわざわざ町から離れた郊外にショッピング・モールがつくられているのだろうかといった問題意識をもたせてから、討論に入ります。

●討論の進め方

---

① ショッピング・モールについて、位置を示した市の地図、建物や駐車場などが示された配置図、全景の写真の３つの資料を提示します。
② グループごとに資料からショッピング・モールの位置や外観の様子などを読み取ります。
　（例）・大きな道路ぎわ（バイパス沿い）にある。
　　　　・広い駐車場がつくられている。
　　　　・駐車場にはたくさんの自動車が止まっているなど。
③ 買い物客にとっての利便性という観点から、ショッピング・モールの立地条件について、学級全体で討論を進めます。

●結果のまとめ

　討論のあとに、ショッピング・モールが町の郊外のバイパス沿いにつくられている理由をノートに書かせます。ここでは、交通手段の１つである自動車による消費行動を配慮して、郊外につくられていることに気づいていればよしとします。駅前に商店街が形成されているのも同じような理由です。

Q3 市全体も身近な地域と同じように場所によって様子が違うのか

関連単元	私たちの市の様子	討論の形態	学級全体
テーマのタイプ	意思決定型（応用する思考）	所要時間	ショート

● 事前の指導・実施場面

　学校のまわりの様子を調べ、町の様子は場所によって違っているという概念を事前に獲得させ、確認させておきます。市の様子についても同じようなことが言えるのかどうかを討論させます。ここでは、すでに獲得した概念を応用して考えさせますから、市の様子の学習の導入場面が適しています。小単元「私たちの市の様子」の学習問題を設定する場面に位置づけることができます。

● 討論の進め方

① 学校のまわりの様子を調べてどのようなことがわかりましたか。
　　ここでは、各場所の様子だけでなく、町全体の傾向性について「場所によって様子が違っている」という概念を定着させます。
② 市の地図や航空写真などを提示して、市全体に目を向けさせ、討論のテーマを設定します。
③ 「学校のまわりと同じだ」「市の場合は違う」といった意見の対立が生まれたときには、その理由や根拠などを発言させます。子どもたちの経験にもとづく意見を大切にします。
④ ここで討論していることは、あくまでも地図や写真、経験などから考えている（予想している）ことであることを伝えます。

● 結果のまとめ

　討論していることはあくまでも予想の範囲を越えていないことから、このあとに立証するための調べ学習が展開されます。本テーマは本小単元の学習問題を意識させるための討論です。

Q4　お店で働いている人たちがさまざまな工夫をしているのはなぜか

関連単元	スーパーマーケットではたらく人	討論の形態	学級全体
テーマのタイプ	概念獲得型（意味の思考）	所要時間	ロング

●事前の指導・実施場面

　スーパーマーケットで働く人たちは、品物の仕入れや値段の付け方、品物の並べ方などさまざまな工夫をして、野菜や果物など生鮮食料品を販売しています。ここではこれらのことをまず確認しておきます。

　これらのことを踏まえて、本小単元の終末の時間に「スーパーマーケットで働く人たちはいろんな工夫をして、品物を売っているのはどうしてだろうか」と問いかけ、討論のテーマを設定します。

●討論の進め方

> ①　ここでは、まず、個人で考えさせたりグループで話し合わせたりすることもできますが、いきなり全体での討論に入ることもできます。
> 　（例）・お客さんによろこんでもらいたいから。
> 　　　・品物をたくさん売りたいから。
> 　　　・お店の売り上げを上げるため。
> 　　　・お店で働いている人たちが幸せになりたいからなど。
> ②　教師は子どもの多様な考えを板書しながら整理していきます。
> ③　討論をとおして、お客さんがよろこんでたくさん買うことによって、お店の売り上げを高めることにつながることを考えさせます。

●結果のまとめ

　討論のあとに、スーパーマーケットで働く人から話を聞く場を設けます。ビデオレターや手紙という方法もあります。自分たちが考えたことが立証できると、討論したことの意味を実感させることができます。

Q5 「野菜や果物」のふるさとをまとめるにはどうしたらよいか

関連単元	スーパーマーケットではたらく人	討論の形態	学級全体
テーマのタイプ	意思決定型（方法の思考）	所要時間	ショート

●事前の指導・実施場面

　ここでのテーマは、調べたことのまとめ方について考えさせるもので、学習内容について討論するものではありません。学習方法のあり方についても討論の対象になります。

　本テーマに先立って、子どもたちにはスーパーマーケットで売られている野菜や果物、水産物などのふるさと（生産地）を個々に調べさせておきます。それらの情報を整理・処理する場面でテーマを提示します。

●討論の進め方

> ①　調べた野菜や果物ごとに生産地を発表させ、個々バラバラな状態では全体がつかめないことに気づかせます。何らかのかたちに整理する必要があることに気づいた段階で、「『野菜や果物』のふるさとをまとめるにはどのように整理したらよいか」と問いかけ、討論に導きます。
> 　（例）・図表にまとめる。
> 　　　　・地図に表すなど。
> ②　さまざまな方法のなかから、よりわかりやすいまとめ方を選択させます。「他地域との結びつき」に気づかせるためには白地図がよいでしょう。

●結果のまとめ

　野菜や果物のふるさとをまとめるには白地図が最適です。「他地域との結びつき」に気づきやすいからです。このあと、日本の白地図に個々の品物を都道府県などの生産地に張りつけていきます。品物によっては外国から輸入されているものがあることにも気づかせます。ここでは世界地図を活用します。

Q6 スーパーマーケットの売り上げを高めるために必要なことは何か

関連単元	スーパーマーケットではたらく人	討論の形態	グループ
テーマのタイプ	社会発信型（創造の思考）	所要時間	ショート

●事前の指導・実施場面

　スーパーマーケットで働いている人たちは、品物の並べ方や値段の付け方、売り方など仕事の仕方、品物の仕入れ先などさまざまな工夫をしていたことをまず確認させます。そのうえで、本テーマを投げかけ、討論します。実施場面は本小単元の学習成果をまとめたあとに、発展的な学習として行います。

●討論の進め方

> ①　「売り上げを高める」とはどういうことなのかを話し合います。ここでは、たくさんの人たちがスーパーマーケットに来て、買い物をすることによって売り上げを上げることができることを確認します。
> ②　これまで調べてきたスーパーマーケットの状況を踏まえて、グループごとに「売り上げ向上策」を考えさせ、子どもらしい発想やアイデアを出させます。お店の人、買い物客の両者の立場から考えさせます。
> ③　教師は、子どもたちから出された考えを黒板に観点ごとに整理していきます。
> ④　ここでの討論は、1つの考えに集約することはしません。オープンエンドで終わらせます。

●結果のまとめ

　見学したスーパーマーケットの店長さんなどに学校に来ていただいて、子どもたちが考えた「売り上げ向上策」を子どもたちが直接伝えます。届けるという方法もあります。ここには、子どもたちの考えたアイデアの効果や実現性、ユニークさなどを専門家から評価してもらうというねらいがあります。

Q7　地域の商店街をもっと元気にするにはどうしたらよいか

関連単元	スーパーマーケットではたらく人	討論の形態	学級全体
テーマのタイプ	社会発信型（創造の思考）	所要時間	ロング

●事前の指導・実施場面

　現在、各地の商店街に目を向けると、シャッターが下りている店が多く、商店街に来るお客さんが減少しているなどの課題が見られます。本テーマはここでの学習内容を越えたものですが、子どもたちに地域の課題をとらえさせ、社会参画の意識を養うことを目指して設定したものです。本テーマによる討論場面は、「スーパーマーケットではたらく人」の学習後に設定します。

●討論の進め方

> ①　現在、地域に見られる商店街はかつての商店街と比べて、お客さんが減ってきていることを写真や統計資料などで知らせます。そのうえで、子どもたちに「どうにかできないか」「どうにかしなければ」という問題意識をもたせ、本テーマについて討論するよう促します。できれば、その場に商店街の関係者がいるとよいでしょう。
> ②　各地の商店街が元気でなくなったのはどうしてか。子どもなりに考えさせ、意見を表明させます。
> ③　商店街をもっと元気にする方策について討論します。ここでは、現実性も重要ですが、３年生という発達段階を踏まえ、夢や期待を語り合うことを優先させます。結論は無理に１つにまとめる必要はありません。

●結果のまとめ

　討論の様子を聞いていただいた商店街の関係者から、討論の内容について評価を受けます。ここでの討論のねらいは、子どもたちが商店街の現状やこれからのあり方に関心をもつようにすることにあります。

Q8 野菜農家の人たちはどのようなことを考えながらつくっているか

関連単元	農家ではたらく人	討論の形態	学級全体
テーマのタイプ	概念獲得型（意味の確認）	所要時間	ロング

●事前の指導・実施場面

「農家の人たちは野菜をどのようにつくっているのだろうか」という学習問題にもとづいて、農家を見学したり調査したりして調べたあとに、本テーマについて討論します。事実にもとづいてその意味を考えさせるものです。農家の人を教室に招くことができれば、さらに学習効果を高めることができます。

●討論の進め方

① 農家で働く人は野菜をどのようにつくっていたか、ふり返ります。ここでは、生産の工程、原材料の入手方法、生産したものの販売の仕方や販路先などの観点から、調べてわかったことを発表させます。

② 調べてわかったこと（事実）をもとに、どうしてこのようなことをしているのか。農家の人の考えや願い（事実のもつ意味）について討論します。ここでは、消費者のことを第一に考え、生産物の美味しさ、安全性、新鮮さなどを常に考えながら生産していることを確認します。

③ （農家の人を招いた場合には）農家の人から、討論の様子を聞いていただいた感想をうかがいます。農家の人の願いと子どもたちの考えとの一致点や違いを確認させます。

●結果のまとめ

討論のあとに、農家の人たちは日ごろどのようなことを考えながら野菜をつくっているのかをノートなどにまとめさせます。その際、最初に考えていたことと、友だちや農家の人の話を聞いて新たに考えたことを比較して書かせるようにすると、思考の深まりなど変容を子ども自身に意識させることができます。

Q9 害虫を殺すために農薬を使うか。それとも使わないか

関連単元	農家ではたらく人	討論の形態	学級全体
テーマのタイプ	意思決定型（判断力の発揮）	所要時間	ロング

●事前の指導・実施場面

　野菜や果物をつくる際には害虫が発生し、せっかく生産した野菜や果物が売り物にならなくなってしまうこと、農薬を散布することによって、こうした事態を防ぐことができること、ただ農薬は人間の健康を害することがあることを具体的な資料などを使って子どもたちに知らせます。こうした基本情報を提供したうえで、本テーマについて討論します。

●討論の進め方

① 　農薬を「まく派」と「まかない派」に分かれて机を配置します。場合によっては「中間派」をつくってもよいでしょう。
② 　「まく派」と「まかない派」ごとに理由を発表させます。その際、自分の立場のメリットと相手の立場のデメリットを指摘させ、それらを教師は板書していきます。
・「まく派」－害虫を防ぐことができる。人間にはよくない。
・「まかない派」－人間の健康によい。生産量を減らしてしまう。
③ 　ここでは、子どもたちの葛藤やジレンマを大切にしながら討論を進めていきます。討論の終末では「ベスト」ではなく、「ベター（よりよい方法）」を考えさせます。また、「減農薬散布」や「無農薬栽培」も行われている事実を紹介します。

●結果のまとめ

　討論のなかで悩みながら考えることは重要な思考活動です。討論のあとに、簡単に選択・決定することはできないというジレンマをノートに書かせます。

Q10 農家の人をもっと元気にするにはどうしたらよいか

関連単元	農家ではたらく人	討論の形態	グループ
テーマのタイプ	社会発信型（考えの提案）	所要時間	ショート

●事前の指導・実施場面

　地域の農家を見学すると、農家の人は美味しくて安全な野菜をつくりたいという願いをもっていることを学びます。しかし、それだけでなく、売れ行きのことや後継者の問題も抱えています。都市部ではにおいや埃など周囲の住民との関係もあります。これらの「悩み」のうち、いずれか1つを取り上げて、本テーマについて討論します。

　ここでは、3年の実態を踏まえて、「生産した野菜がもっと売れるようにするにはどうしたらよいのか」を具体的なテーマにします。

●討論の進め方

> ① まず、各自がどうしたら野菜がもっと売れるようになるかを考え、1枚のカードに1つのアイデアを書きます。
> ② グループになって書いたカードを発表し、グループでアイデアを集約します。結果をホワイトボードに書きます。
> 　（例）・道の駅などに出して、少しでも早く、安く売るようにするなど。
> ③ グループごとのアイデアをボードの記述内容をもとに説明します。
> ④ 学級全体で討論し、最もよいアイデアは何か。ここでは、斬新さ、現実性などの観点から1つに絞ります。

●結果のまとめ

　ここでは、農家の現状や農家が抱えている課題を把握するだけでなく、課題の解決策を考えることにより、その農家をより身近に感じるようになります。討論後には、考えたアイデアを見学した農家の人に届けます。

Q 11　部品工場を見学するとき、どんなことに気をつけたらよいか

関連単元	工場ではたらく人	討論の形態	学級全体
テーマのタイプ	意思決定型（心構え）	所要時間	ショート

●事前の指導・実施場面

　地域の工場を見学するとき、注意することなどを教師が説明することが多いようです。ここでは、それらを子どもたちに討論させるために、本テーマを提示します。工場で働く人の仕事の様子ではなく、見学の仕方という学習方法について討論するところに特色があります。討論の実施場面は工場見学の直前がよいでしょう。

●討論の進め方

> ①　部品工場を見学する目的をこれまでのノートを見てふり返ります。また、工場の場所や行き方を地図で確認します。
> ②　部品工場で見学してくること（見てくることや聞いてくること）について見学カードで確認します。
> ③　安全に見学するために、また迷惑をかけないようにするには、どんなことに気をつけたらよいか、討論します。ここでは、討論が具体的に展開できるように、工場内の写真を数枚提示してイメージをもたせます。
> ④　工場への行き帰りの交通安全について話題にします。
> ⑤　持ち物についても確認します。

●結果のまとめ

　討論の結果、見学に当たって注意することなどを見学カードに書かせます。これによって心構えがより確かなものになり、見学への意欲も高まっていきます。討論をもとに「おじさんの話を静かに聞く」「機械や部品にふれない」など見学の態度や方法に関する評価項目を子どもたちにつくらせ、見学後に自己評価させるとよいでしょう。

Q 12　部品工場はどのような地域と結びついているのだろうか

関連単元	工場ではたらく人	討論の形態	学級全体
テーマのタイプ	事実習得型（事実の整理）	所要時間	ロング

●事前の指導・実施場面

　部品工場は他地域とも結びつきながら生産活動を進めています。結びつきの要素には人と物がありますが、ここでは「物（原材料と製品）」に焦点を当てて討論させます。討論のまえには、部品をつくる原材料はどこから運ばれてくるか。つくった製品はどこへ運ばれていくかを調べさせておきます。

●討論の進め方

> ①　生産した部品の製品を示しながら、部品をつくるために必要な原材料はどこから運ばれてきていたかを発表させ、日本地図に表します。原材料の入手先と部品工場とを線で結んでおきます。
> ②　生産した部品はどこに運ばれているかを発表させ、日本地図に表します。部品工場と届け先とを線で結んでおきます。
> ③　完成した2枚の日本地図を見て、「部品工場はどのような地域と結びついているのか」をテーマに、まず自分の考えをノートに書かせます。
> ④　ノートに記述したことをもとに討論します。
> 　（例）・部品工場は、身近な地域だけでなく、国内の各地や外国とも結びついていますなど。

●結果のまとめ

　討論のあとには、テーマにもとづいて自分の考えを改めてノートに書かせます。その際、討論のまえに自分が考えたことと比べて書かせるようにすると、討論による学びの深まりを意識させることができます。教師は子どもたちが他地域との結びつきをどのように理解しているかを評価することができます。

Q 13　住民から工場の音がうるさいと言われている。どうしたらよいか

関連単元	工場ではたらく人	討論の形態	グループ
テーマのタイプ	社会発信型（考えの提案）	所要時間	ショート

●事前の指導・実施場面

　工場を見学したり録音した音を聞かせたりして、部品をつくる際に大きな音が出ることを確認します。また、住民から「音がうるさい」など苦情が出されていることを知らせます。こうした事実を踏まえて本テーマを提示します。

●討論の進め方

---

① 　工場の人たちの立場や言い分を確認します。

　（例）・工場では音が出ないようにはできない。

　　　　・できるだけ夜には音が出ない仕事をしているなど。

② 　地域の住民の言い分を確認します。

　（例）・子どもが落ちついて勉強できない。

　　　　・テレビの声が聞こえなくなることもあるなど。

③ 　両者の言い分を踏まえて、工場では騒音に対してどのような対策をとったらよいか。まずグループで討論します。その結果を学級全体に報告し、再度討論します。

④ 　ここでは、1つの方向にまとめることはせず、子どもたちの発想力を生かした多様な解決策を考えさせることを重視します。

●結果のまとめ

　結果は「わたしたちのアイデア」としてまとめ、自分たちの考えたことを工場の人に伝えることも考えられます。子どもたちの考えは短絡的であったり、一方的であったりします。工場に伝えることによって、問題を解決するためにはさらに多様な観点から検討することが必要になることに気づかせます。

Q 14 火事が起きたとき、消防署はどのような機関と協力しているか

関連単元	火事を防ぐくふう	討論の形態	学級全体
テーマのタイプ	事実習得型（知識の整理）	所要時間	ショート

●事前の指導・実施場面

　火事になったとき、現場にはどのような人たちが駆けつけるかをまず確認します。それぞれの人の顔を描いたイラストを用意しておきます。それらを黒板にアットランダムに張っていきます。そして、火事現場の絵を黒板の中央に位置づけて、「火事が起きたとき、消防署はどのような機関と協力し合っているのでしょうか」と問いかけ、討論します。ここでの討論には事実を確認することに主眼があります。

●討論の進め方

> ①　火事現場にはどのような人たちが駆けつけるか、発表し合います。ここでは、消防士、警察官、救急車の人、消防団員、電気やガスを止める人、水道の水を出やすくする人など、さまざまな「人」に目を付けさせます。
>
> ②　このあと、火事が起きたとき、消防署はどのような機関と協力し合っているのでしょうかと問いかけて、「関係機関」に着目させます。ここでは、消防署のほか、警察署、消防団、市役所などの水道局、電気会社やガス会社、病院などの機関が協力し合っていることに気づかせます。

●結果のまとめ

　討論のあと、火事現場を中央に位置づけ、どのような機関がどのように協力し合っているかを関連図にまとめさせます。その際、「矢印」を効果的に使って表すと、関係機関相互の関係性が具体的に見えてきます。討論の結果を見える化することによって、知識の共有を図ることができます。

Q 15　火事を防ぐためにはどうしたらよいか

関連単元	火事を防ぐくふう	討論の形態	学級全体
テーマのタイプ	自己内省型、社会発信型	所要時間	ロング

●事前の指導・実施場面

　「火事を防ぐくふう」について学習したあと、これまでの学習の発展として本小単元の終末に位置づけ、「火事を防ぐためにはどうしたらよいか」をテーマに討論します。ここでは、「自分にできること」と「社会のあり方」の２つの観点から討論を構成します。

●討論の進め方

> ①　まず、火事を防ぐために自分たちにはどのようなことができるかを討論します。ここでは、火の扱いに気をつけるなど個人としての心構えと周囲の人に防火を呼びかける啓発の２つの視点から「できること」を考えさせます。あくまでも個人的な視点からの討論です。
> ②　次に、火事を防ぐためには社会としてどのようなことが必要なのかを討論します。例えば、町内会や消防団の人が町を見守る。燃えにくい建物にする。町に消火器や防火槽を充実させる。道路を広げて火事が広がりにくい町をつくるなど社会的な視点から議論させます。
> ③　①、②のいずれにおいても、１つの考えに集約するのではなく、子どもらしい独創性のある考えを多様に出させることに主眼を置きます。

●結果のまとめ

　討論したことに関して、実際にできることにチャレンジさせます。自分が気をつけなければならないことはこれから実行させます。防火を呼びかけるポスターを作成して、公民館などに掲示するのもよいでしょう。また、討論の結果を手紙など表現物にして関係者に直接伝える方法もあります。

Q 16　交通事故を減らすためにはどうしたらよいか

関連単元	交通事故を防ぐくふう	討論の形態	学級全体
テーマのタイプ	社会発信型（考えの提案）	所要時間	ショート

●事前の指導・実施場面

　小単元「交通事故を防ぐくふう」の学習は、交通事故が起きたときの関係機関の「対応」と、交通事故を減らすための「予防」の2つの観点から進められています。これらの学習のあとに、本テーマを設定して討論します。ここでは「交通事故を減らすためにはどうしたらよいか」を一般論として討論するのではなく、道路の横断中に事故に遭遇したという、実際に交通事故が起きた現場を事例にどうしたらよいかを考えさせます。

●討論の進め方

> ①　交通事故が起こった現場の写真や地図などを見て、ここでどうして交通事故が起きたのか、原因について考えさせます。運転手の不注意なのか、横断者に過失があったのか。それとも施設や設備上に問題があったのか。多方面から検討させます。
>
> ②　事故が起こった原因を踏まえて、この場で今後交通事故が起こらないようにするためにはどうしたらよいかを討論します。ここでは、運転手や横断者という「人」と施設などの「もの」の2つの観点に分けて討論すると、多角的に意見が出されます。

●結果のまとめ

　この場面を社会科として実施するためには、個人の努力や心構えの問題としてとどめるのではなく、社会としてどうあったらよいのか。交通事故のない町づくりの観点から討論させることが重要です。本テーマは、問題事象から教訓を引き出し、それをよりよい社会の形成に生かすという社会参画の原則を学ぶ場でもあります。

Q 17　警察官の仕事はどのようなことだと言えるか

関連単元	警察官の仕事のくふう	討論の形態	学級全体
テーマのタイプ	概念獲得型（一般化の思考）	所要時間	ロング

●事前の指導・実施場面

　交通事故や盗難などの防犯に取り組んでいる警察官の仕事について学習したあとに、本テーマについて討論します。子どもたちのなかには、ややもすると「警察官は（警察署では）、交通事故を処理したり防止したりする仕事をする人（機関）だ」と誤ったとらえ方をしている場合があります。ここでは、そうした一面的な見方を改めさせ、地域の安全な生活を維持するという、警察署の本来の働きをとらえさせることにねらいがあります。

●討論の進め方

> ①　警察官は（警察署では）どのような仕事をしているかをふり返らせます。ここでは、交通事故の処理や防止のほかに、盗難などの犯罪の防止や道案内、パトロールなどを行っていることを確認します。
> ②　これらの事実をもとに、「警察官の仕事はどのようなことだと言えるか」を考え、まず自分の考えをノートに書かせます。
> ③　書いたことをもとに、まずグループで話し合います。ここでは、グループで1つの考えにまとめるようにします。
> ④　グループで話し合ったことを発表し、学級全体で討論します。いろいろな考えを出し合い、みんなでよりよい考えをつくっていきます。

●結果のまとめ

　討論のあと、本テーマについて改めて自分の考えを書かせ、はじめに考えたことと比べさせます。まとめの文章には「地域の人々の安全を守る仕事」「安全な町にする仕事」のように「安全」というキーワードを含めて書けるようにします。

Q 18　事故のない安全な町をつくるには、私たちに何ができるか

関連単元	警察官の仕事のくふう	討論の形態	学級全体
テーマのタイプ	自己内省型（知識の生活化）	所要時間	ショート

●事前の指導・実施場面

　小単元「警察官の仕事のくふう」の学習の終末場面で本テーマを設定します。ここには、これまでの学習成果を活用しながら討論するというねらいがあります。ここでいう「事故のない」とは、交通事故にかぎらず、盗難など犯罪のない「安全な町」ということです。

　本テーマについて討論するとき、「安全」の観点から地域理解がなされている必要があります。例えば「地域の安全マップ」を作成するなど、地域のどこにどのような事故や事件が起こりうるのかを事前に把握させておきます。

●討論の進め方

> ① 「地域の安全マップ」を見ながら、まず事故や事件が起こりうる場所を選択させます。次にその場でどのような事故や事件が起こりうるかを想像させ、どのように対処したらよいのかを具体的に考えさせ、討論させます。子どもによって対応の仕方が違った場合には、よりよい方法をさらに考えさせ、討論を深めます。
> ② 「事故や事件の起こりうる場所」は、交通事故のほかに、不審者、水難、自然災害など多方面から選択しそれぞれについて検討させます。その際、これまでの学習や生活での経験なども出させるとよいでしょう。

●結果のまとめ

　これからの地域での生活の仕方について、ノートなどにまとめさせます。討論の成果を自らの生活改善に結びつけて考えさせるだけでなく、安全な町づくりには地域の人たちの協力が欠かせないことにも気づかせるようにします。

Q 19 私たちの市はどのように変化してきたと言えるか

関連単元	市のうつりかわり	討論の形態	学級全体
テーマのタイプ	概念獲得型（一般化の思考）	所要時間	ロング

●事前の指導・実施場面

　市の移り変わりについて、交通の様子や土地利用、人口の変化などの観点から調べています。地域によっても違いますが、およそ100年ぐらいを対象にします。各観点から調べたことを年表に整理したあと、本テーマを設定し、市の移り変わりの傾向性について討論します。なお、本単元は新学習指導要領で改められた、市の様子の移り変わりの学習です。

●討論の進め方

> ①　私たちの市では「交通の様子はどのように変化してきたか」「土地のつかわれ方はどのように変わってきたか」「人口はどのように移り変わってきたか」など調べた観点ごとに変化の様子を大まかにとらえさせます。
> ②　観点ごとの変化を総合して、市はどのように変化してきたかを概観させ、討論します。
> 　（例）・農村から住宅の町に変わり、人口も増えてきた（都市化）。
> 　　　　・かつては人も多くてにぎやかだったが、いまではさみしい町になってしまった（過疎化）など。
> ③　討論をとおして、市の変化の傾向性を考えさせます。子どもたちが住んでいる地域社会に見られる課題にも気づかせます。

●結果のまとめ

　1学期から学習してきた市の様子について、ここでは「変化」という時間軸から市の概要をまとめさせます。「○○から△△へ」「○○→△△→□□」など、各時期を特徴づけるキーワードで市の変化をとらえさせます。

Q 20　市をより発展させるために、私たちは何をしたらよいのか

関連単元	市のうつりかわり	討論の形態	学級全体
テーマのタイプ	社会発信型（決意の提案）	所要時間	ショート

●事前の指導・実施場面

　地域を時間軸で学ぶことは、単にこれまでの歴史を知るだけでなく、これからの市のあり方を考えるためにも重要です。ここでは、市の移り変わりを学んだあとに、本テーマを設定して、これからの市のあり方を考えさせる未来を志向する場面です。ここでは自分のこととしてとらえさせるために、「私たちは何をしたらよいのか」を考えさせます。「私が市長になったら、何をどうするか」というテーマで討論するのも面白いでしょう。

●討論の進め方

① 市ではこれからの町づくりをどのように計画しているかを調べます。これによって、市役所が描いている未来像を知ることができます。
② 市の考えている町づくり計画に対する感想や自分たちの願いや要望などを出し合い、これからの町づくりへの関心を高めます。
③ これらを参考にして、「市をより発展させるために、私たちは何をしたらよいのか」をテーマに討論します。3年生らしい発想で、ユニークな意見が出されることを期待します。ここでは、地域社会の一員としての自覚にもとづいた未来志向の積極的な姿勢を重視します。

●結果のまとめ

　討論のあとに、例えば「市長さんへの手紙」を書かせることもできます。対象を意識させることによって、子どもの決意や願いが書きやすくなります。その際、市役所の市長さんの位置づけや役割について説明しておきます。手紙を実際に届けることができればさらに効果的です。

4年の討論テーマと進め方

Q1 私たちの県は、地形から見てどのような特色があるか

関連単元	私たちの県の様子	討論の形態	学級全体
テーマのタイプ	事実習得型（傾向性の把握）	所要時間	ショート

●事前の指導・実施場面

　本テーマについて討論する際には県全体の地形図を用意します。立体地図模型を作成すると、全体の傾向性を把握することができます。地図から、山地や平野、川、海岸など地形に関する主な名称と位置を押さえておきます。

●討論の進め方

> ①　地図を見て、土地の高いところ、低いところなど、地形に関する色づかいの凡例を確認します。
> ②　「私たちの県の地形はどのようになっているでしょうか」と問いかけ、討論します。ここでは、土地の高いところは県のどのあたりか。土地の低いところはどこに広がっているか。海は県のどの方向にあるか。主な川はどのように流れているかなど、土地の高低に目を向けさせます。
> ③　これまでの話し合いを受けて、「地形から見た県全体の特色はどのように言い表せるか」をテーマに討論します。ここでは東西南北など方角を使って全体の傾向をとらえさせます。

●結果のまとめ

　討論のあとには、改めて自分の考えをノートなどにまとめさせます。例えば「私たちの県の西のほうには土地の高いところが広がっています。土地の低いところは県の東側に広がり、そこには多くの川が流れています。私たちの県は海と接していません」などのようにまとめさせます。

Q2 私たちの県の特色は何か。キャッチコピーをつくろう

関連単元	私たちの県の様子	討論の形態	学級全体
テーマのタイプ	概念獲得型（総合化する思考）	所要時間	ロング

● 事前の指導・実施場面

　県の様子について、地形の様子、主な産業、交通網、都市の位置など、4つの観点からそれぞれ表した地図を用意します。観点ごとに県の様子をワークシートに書かせ、これまでの学習をふり返ったあと、本テーマを提示して討論します。4枚の地図を透明の用紙に表した場合には4枚を重ね合わせます。

● 討論の進め方

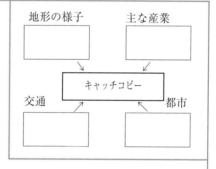

① 右のようなワークシートを配布して、中央の四角いところに各自の考えを書かせます。

② 書いたものをもとに、まずグループで討論し、最もユニークなものを1つ選び、グループの代表にします。

③ 代表作品を発表させます。その際、選定した理由を述べさせます。

④ すべての発表が終わったら、学級で最もよいものを1つ選びます。この場が討論の中心になります。選定に当たっては、キャッチコピーとして響きのよさや言い表している内容などの面から検討します。

● 結果のまとめ

　例えば、宮崎県は「太陽と緑の国」、岡山県は「晴れの国おかやま」のように、県によってはすでにキャッチコピーを決定しているところもあります。子どもたちが決定したあとに示して比べさせることもできます。キャッチコピーを討論することは、県に対する理解や誇りをもたせることにつながります。

Q3 私たちはなぜごみを分別して出しているか

関連単元	ごみのしまつと利用	討論の形態	学級全体
テーマのタイプ	概念獲得型（総合化する思考）	所要時間	ショート

●事前の指導・実施場面

　地域には、ごみを「燃やすごみ」「燃やさないごみ」「資源ごみ」「粗大ごみ」などに分別して出すルールがあります。地域によっては、さらに細かく分けて出すようになっているところもあります。ここでは、ごみにはどのようなものがあるのかを確認したあと、「どうしてこのような面倒なことをしなければならないのか」と問いかけ、本テーマについて討論します。

●討論の進め方

---

① 「なぜごみを分別して出しているか」について、まず自分の考えをノートなどに書かせます。

② 各自の考えを発表させ、教師は論点を整理して板書します。例えば次のような多様な考えの違いが出されると、討論に結びつきます。
　（例）・市役所がルールとして決められているから、従う義務がある。
　　　　・燃やすと、人間の健康に害になるものが出る。
　　　　・再利用するため。ものを大切にすること。
　　　　・燃やすごみが減ると、その分空気が汚れない。

③ これらの多様な意見をもとに、どうしてごみを分別して出しているのかを討論し、より確かな理由を考えさせます。

●結果のまとめ

　討論のあとには、事前に自分が考えたこととも比べさせながら、テーマに対する考えを再度書かせます。そして、地域にはごみを分別して出すルールがつくられていることの意味やそれを守ることの大切さを確認させます。

Q4 ごみを資源として再利用することがなぜ環境にやさしいのか

関連単元	ごみのしまつと利用	討論の形態	学級全体
テーマのタイプ	意思決定型（因果関係の思考）	所要時間	ロング

●事前の指導・実施場面

　ごみを資源として分別し、リサイクルすることに対して「環境にやさしい取り組みだ」とか「リサイクルはエコだ」などと言われています。ここでは、資源ごみがどのように再利用されているかを調べたあと、本テーマを提示し、再利用（リサイクル）と環境保全との関係性について討論します。

●討論の進め方

> ① 資源ごみがそれぞれ何に再利用されているかを確認します。
> 　・古新聞、古雑誌　→再生紙に
> 　・空きビン　　　　→再びビンに
> 　・アルミ缶　　　　→アルミに戻し再びアルミ缶などアルミ製品に
> 　・スチール缶　　　→鉄に戻し再びスチール缶など鉄製品に
> 　・ペットボトル　　→細かく砕いて洋服などに
> ② ごみを資源として利用することにどのような意味があるのかを考えさせ、「鉄やアルミの節約になる」など資源の有効利用に気づかせます。
> ③ 「このことがどうして環境にやさしいのか」と問いかけ、討論を促します。例えば、「古新聞を燃やすと、清掃工場からその分多くの煙が出る」「再利用したほうが工場から出る二酸化炭素を減らすことができ、地球の温暖化防止になる」など筋道を立てて発言させます。

●結果のまとめ

　ノートには、「資源の再利用は環境にやさしい取り組み。なぜなら、～～」と文体を示し、これまでの討論の内容を踏まえて、自分の考えをまとめさせます。

Q5 ごみをさらに減らすために大切なことは何か

関連単元	ごみのしまつと利用	討論の形態	学級全体
テーマのタイプ	価値判断型（判断する思考）	所要時間	ロング

●事前の指導・実施場面

　本小単元の終末では、ごみがどのように処理され、利用されているかをまとめる活動が行われます。ごみがこのまま増えつづけると、清掃工場や埋め立て地の増設が必要になり、費用がさらにかかります。本テーマは、こうした課題を受けて、ごみのさらなる減量のあり方について討論させるものです。

●討論の進め方

> ①　ごみを減らすためにこれまでどのような取り組みが行われてきたかをふり返ります。ここでは、ごみの分別、ごみ袋の有料化、資源としての再利用など、これらは既有の知識です。
> ②　次に「ごみをさらに減らすために大切なことは何か」と問いかけ、討論を促します。ここでは、これまで意識して行ってこなかった、新たな取り組みを考えさせます。
> 　（例）・ごみを出さない生活をする。
> 　　　　・リサイクルしてつくった製品をもっと購入する。
> 　　　　・リサイクルショップを利用するなど。
> ③　自分にできそうなことや家庭でやってみたいことは何かを選択して発表させます。ごみの減量問題を自分ごととして考えさせます。

●結果のまとめ

　「家族へのメッセージ」として家の人たちに伝えたいことを書かせます。それを家庭で話題にし、後日その反応を出し合います。ごみ問題を解決するカギは、家庭での生活スタイルをごみ減量型に変えることにあります。

Q6 ごみ袋の有料化は賛成か、反対か

関連単元	ごみのしまつと利用	討論の形態	グループ
テーマのタイプ	意思決定型（選択する思考）	所要時間	ロング

●事前の指導・実施場面

　ごみの減量化はいまや大きな社会問題です。本テーマは、「ごみのしまつと利用」についての学習後に発展として位置づけます。地域によってはごみ袋の有料化が行われており、実態に応じて実施します。

●討論の進め方

①　ごみ袋の有料化のメリットと問題点を提示します。

【メリット】
・ごみを出すことに気を配り、ごみの減量につながる。
・ごみ袋の代金を税金の一部だと思って、出してもよい。
・ごみ問題に関心をもつ。

【問題点】
・お金を出したくない。袋の値段はどのように決めたのか。
・有料化していない地域に持っていくことはないのか。
・袋を買うのが面倒だ。

②　ごみ袋の有料化に賛成か反対か。各自に意思決定させ、2つのグループに分かれます。
　・グループごとに自分たちの考えの正当性について確認し合います。
　・相手の考えの問題点、反対する理由など「作戦会議」を行います。

③　2つのグループが向かい合って座り、討論します。

●結果のまとめ

　討論後には、再度自分の考えをノートなどにまとめます。その際、相手の考えの問題点など理由を書かせ、説得力のあるものにさせます。

Q7　なぜいまでは、行政機関が水を確保する事業を行っているのか

関連単元	飲料水はどこから	討論の形態	学級全体
テーマのタイプ	概念獲得型（総合化する思考）	所要時間	ロング

●事前の指導・実施場面

　当たり前のこととして受けとめていることに実は重要な意味があります。このことに気づかせることは、社会の役割や社会的事象の意味をとらえさせるうえで重要なことです。本テーマは、行政機関が飲料水をどのように確保しているのかを学習したあとに設定し、飲料水を確保するという事業をどうして個人ではなく、行政機関が行っているのかを考えさせるものです。

●討論の進め方

> ①　本テーマの意味を子どもたちに理解させるため、飲み水を個人で確保していたころの方法をイラストや写真などで示します。
> ・井戸を掘って井戸の水を飲んだり使ったりしていた。
> ・降った雨水を水槽などに溜めて使っていた。
> ・川や沢の水を運んできて使っていた。
> ②　いまではどうして市役所が飲料水を供給する仕事をしているのだろうかと問いかけて討論します。その際、個人が飲料水を確保していたころにはどのような問題が起こったのかを想像させます。伝染病が発生したことや、川や池の水が汚染していたことを資料として提供します。

●結果のまとめ

　ここでは、子どもたちの考えを地域の人々の健康を確保することとの関連で集約していきます。住民の健康を維持するためには、個人が努力するのでは限界があることに気づかせ、行政機関の役割に委ねるようになったことを歴史的な経緯を踏まえて理解できるようにします。

Q8 水不足をなくすために、山奥にダムをつくるべきか

関連単元	飲料水はどこから	討論の形態	学級全体
テーマのタイプ	意思決定型（総合化する思考）	所要時間	ロング

●事前の指導・実施場面

　人々の飲料水を確保するために、ダムは大きな役割をもっています。しかし、ダムを新しく建設する際には賛成・反対の意見が錯綜することがあります。ここでは、こうした問題場面を提示して、子どもたちに意思決定させ、問題のよりよい解決策を考えさせるものです。飲料水のふるさと（水源など）や水不足の発生などと関連づけて、本テーマを提示して討論させることもできます。

●討論の進め方

> ①　主に都市部の水不足を解決するために、ダムの建設が計画されていることを知らせます。
> ②　ダムの建設は多くの場合、ダムの水を飲料水として消費する地域から遠く離れた山奥であること、ダム建設の予定地には長く住民が住んでいることを押さえます。写真などでイメージをもたせます。
> ③　ダムの建設に対して、賛成意見と反対意見を資料として提供し、意見が分かれていることを知らせます。
> ④　情報をもとに、ダムをつくるべきかどうか、意思決定させます。
> ⑤　両者に分かれて、討論します。

●結果のまとめ

　こうした場面において、それぞれの立場の意見を尊重した意見が言えるようにします。感情的にならないように留意します。ここでは、いずれかの意見に集約するのではなく、それぞれに正当な言い分があり、意見を調整しながら十分な話し合いを進めることが大切であることを確認させます。

Q9　節水型の社会にするにはどうしたらよいか

関連単元	飲料水はどこから	討論の形態	学級全体
テーマのタイプ	自己内省型、社会発信型	所要時間	ロング

●事前の指導・実施場面

　これまでは「飲料水を節約するために、自分（たち）にできることは何だろうか。できることをやってみましょう」といった課題での話し合いが多く見られました。ここでは、「飲料水の確保」に関する学習成果をもとに、家庭生活にとどまらず、社会のあり方について考えさせることをねらっています。

●討論の進め方

> ①　飲料水を節約するために、家庭では現在どのように努力しているか。さらにこれからどのような努力が必要かについて討論します。
> ②　社会として節水するためには、どのような取り組みが必要になるかをテーマに討論します。ここでは、無駄に使われているのではないかと思われる事象を出し合いながら、改善策を考えるようにします。例えば次のような場面を提示して考えさせることができます。
> 　（例）・公共施設や駅などのトイレの水に飲める水が使われていること。
> 　　　　・下水処理をしたきれいな水がそのまま川に流されていること。
> 　　　　・花に与える水や車を洗う水に飲める水が使われていること。
> ③　討論をとおして、節水するには個人の努力だけでなく、社会の仕組みを改善するなど社会のあり方を考える必要があることに気づかせます。

●結果のまとめ

　討論のあとには、「自分にできること」と「社会として考えるべきこと」に分けてまとめさせます。家庭生活にとどまらず、節水型社会のあり方など社会に広く目を向けさせるところに社会科の役割があります。

Q 10 なぜ、下水処理場が必要なのか

関連単元	下水のしまつ	討論の形態	学級全体
テーマのタイプ	概念獲得型（総合化する思考）	所要時間	ショート

●事前の指導・実施場面

　下水が下水処理場でどのように処理されているかを調べたあと、本テーマについて討論します。これによって、下水処理場の役割やそこで働く人たちの働きに気づかせることができます。下水処理場には川や海をきれいにする地域や国土の環境保全とともに、人々の健康の維持・向上という役割があります。

●討論の進め方

> ①　下水処理場はどのような働きをする施設なのかをふり返ります。ここでは、どのような水が下水処理場に来るのかを思い起こさせ、「下水管を流れてきた汚い水を金魚が住めるくらいきれいな水にして川などに流している」など、施設の入口と出口を結びつけて発言させます。
> ②　施設の働きを確認したうえで、本テーマ「なぜ、下水処理場がつくられているのか」、施設の必要性について討論します。ここでは、子どもたちが考えやすくするために、「もし、下水処理場がなかったら、町はどうなりますか」と補助発問を投げかけます。また、町に下水処理場がなかったころの町を流れる川の様子の写真を提示する方法もあります。
> ③　子どもたちの意見を「地域の環境保全」と「人々の健康維持」の２つのキーワードに集約していきます。

●結果のまとめ

　「下水処理場がつくられているのは、（　　　　　）ためです」と示し、このあとになぜ必要なのかを自由記述させます。書き出しを示すと、子どもたちは思考の方向づけができ、書きやすくなるという利点があります。

Q 11 水はどのような旅をしていると言えるか

関連単元	水のたび	討論の形態	学級全体
テーマのタイプ	概念獲得型（関連づけの思考）	所要時間	ロング

●事前の指導・実施場面

　本テーマを設定することにより、「飲料水の確保」と「下水の処理」の両者を関連づけ、水は地球上をどのようにめぐり回っているのか。水が旅している様子（水は地球を循環していること）に気づかせることができます。

●討論の進め方

> ① 飲料水がどのように確保されているか。また使ったあとの下水はどのように処理されているのか。これまで調べてきたことをルートマップに表します。これまでの学習で活用した写真や図などを水の「流れ」に沿って並べます。それらの並べ方がポイントになります。
>
>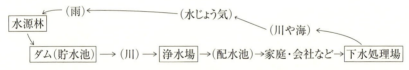
>
> ② 出来上がったルートマップを見て、本テーマ「水はどのような旅をしていると言えますか」と問いかけ、討論します。写真や図などの間に矢印を入れていくと、思考が深まりやすくなります。
>
> ③ 討論をとおして、水は一方向でも放射状でもなく、1つの輪（サークル）として循環していることに気づかせていきます。

●結果のまとめ

　飲料水と下水の学習事項をつなげることによって、水は一巡していることに気づかせることができます。使った水は処理され、再び使われていることがわかることが飲料水の使い方を考えるきっかけになります。

Q 12 地域にはどのような自然災害が起こりうる場所があるか

関連単元	自然災害から人々を守る工夫	討論の形態	学級全体
テーマのタイプ	事実習得型（基礎知識の確認）	所要時間	ロング

●事前の指導・実施場面

　地域の人々を自然災害から守るためにどのような工夫や活動が行われているかを調べる際の導入場面で本テーマについて話し合います。ここでは、地域の山地、平地、川や海などが示されている地形図（黒板への掲示用と子どもへの配布用）を用意します。

●討論の進め方

① 「地形図」を見て、私たちの県の地形についてふり返ります。
　（例）・市の北のほうには山地があります。
　　　　・山から流れ出ている○○川は南に曲がりながら流れています。
　　　　・南のほうは海に面していますなど。
② どこでどのような自然災害が起こりうるかをテーマに、討論します。ここでは、地形図に場所を指示しながら、起こりうる災害を想定させます。その際、理由を合わせて説明させると考えが深まります。
　（例）・大雨が降ると、山地のほうで土砂が崩れるかもしれません。
　　　　・海のほうで大きな地震が起きると、地震の被害とともに、土地の低いところでは津波の被害が考えられますなど。
③ 教師は、子どもたちの反応を「地形図」に書き込んでいきます。

●結果のまとめ

　事前に配布した「地形図」に、起こりうる自然災害を理由も添えて書き込ませます。出来上がった災害想定図をもとに、県では、自然災害に備えてどのような対策をとっているのだろうかといった学習問題を設定します。

Q 13 　土砂災害を防ぐには砂防ダムを造るべきか。造らなくてもよいか

関連単元	自然災害から人々を守る工夫	討論の形態	学級全体
テーマのタイプ	意思決定型（選択する思考）	所要時間	ロング

●事前の指導・実施場面

　砂防ダムの役割とともに、砂防工事を進めると森林資源が破壊されたり、護岸などの工事によって川に住む生き物にダメージを与えることを説明しておきます。そのうえで、大雨によって土砂崩れや土石流などの土砂災害から生命や財産を守るために砂防ダムを造るべきかどうかをテーマに討論します。

●討論の進め方

> ① 　砂防ダムを造ることに対して、自分の考えをノートに書きます。
> ② 　砂防ダムを造る派と造らない派に分かれて、自分たちの立場の正しさや相手の考えの問題点などについて整理します。流域の住民の安全を最優先する考え方と森林や動植物など自然保護を最優先する考え方の2つに分かれて議論することもできます。
> ③ 　それぞれの考えを出し合って、討論します。教師は、子どもたちが感情的にならないように立場や根拠などを示しながら、できるだけ科学的、合理的に考えるよう助言します。
> ④ 　討論を進めていくと、1つの折衷案として、人間と自然の両方を大切にするなど、共存・共生の考え方が出てくることも考えられます。

●結果のまとめ

　ここでは、いずれの考えが正しいかではなく、それぞれの考えのよい点と問題点を出し合い、どのように折り合いを付けていくかを考えさせます。例えば環境にも優しい砂防ダムを造るといった考え方や方法もあります。討論のあとには、砂防ダムを建設することについて改めて自分の考えをまとめさせます。

Q14 自然災害に強い町にするには、どこをどうしたらよいか

関連単元	自然災害から人々を守る工夫	討論の形態	学級全体
テーマのタイプ	社会発信型（社会参画の思考）	所要時間	ロング

●事前の指導・実施場面

　自然災害から住民の安全を守るためにどのような対策がとられているかを学習したあと、「海岸に近い土地の低いところが津波に襲われないようにするためにはどのような町づくりが必要か」というテーマで、討論を行います。

●討論の進め方

① 東日本大震災での津波被害の様子などをもとに、津波の恐ろしさや発生するメカニズムなどについて理解させます。

② 土地の低いところを津波から守るためには、どのような対策が必要かについて討論します。メリットとデメリットについて考えさせます。

　（例）・海岸の堤防をこれまでより高くする。でも、海が見えなくなり津波に気づかなくなることはないか。

　　　・内陸の高台に住宅を移す。住み慣れたところを離れなければならない。広い土地はあるのか。住民がばらばらにならないか。

　　　・いま住んでいるところの土地をもっと高くする。そのあいだどこに住むのか。費用は誰が負担するのか。

③ どのアイデアにもよい点と解決すべき課題があることを確認します。

●結果のまとめ

　1つの結論にまとめることはしません。さまざまな対策が考えられることを確認します。場合によっては優先順位を付けさせます。地域の人が同席していたときには、その人から感想や評価を受けることもできます。討論の結果を市役所の担当者や地域の自治会に届けることも考えられます。

Q 15　自然災害に備えて、私たちはどうしたらよいのか

関連単元	自然災害から人々を守る工夫	討論の形態	学級全体
テーマのタイプ	自己内省型（心構えの思考）	所要時間	ショート

●事前の指導・実施場面

　自然災害にはさまざまなものがありますが、ここでは「土砂崩れ」を例に討論の方法を示します。市の地図で、土砂崩れが起こりうる場所に建物が建っていること、ここでは過去に災害があったことを知らせます。このあと「土砂崩れから身を守るために私たちはどうしたらよいのか」をテーマに討論します。

●討論の進め方

> ①　この地域は土砂崩れが起こりやすいところです。私たちは日ごろからどのように備えていたらよいでしょうか。
> ②　避難袋にはどのようなものを入れておきますか。
> 　（例）・飲料水や食料、ラジオなど。
> 　　　　・夜に避難することもあるので、懐中電灯や手袋なども入れる。
> ③　大雨が降ってきたらどうしたらよいでしょうか。
> 　（例）・避難袋を用意して、いつでも避難できるようにしておく。
> 　　　　・土砂崩れの前ぶれ（前兆現象）がないか観察する。
> 　　　　・地域の人と連絡をとって、いつでも避難できるようにしておく。

●結果のまとめ

　地域で起こりうる災害や過去に実際に起こった災害を取り上げて討論することによって、より切実感をもって意見を表明させることができます。地域の人に討論の様子を聞いてもらい、感想などを述べてもらうようにします。

　討論の結果をノートに書かせ、家庭でも話題にしたりするように勧めます。本テーマでの話し合いを保護者の授業参観日に行うことも考えられます。

Q 16　私たちの県や市は世界のどのような都市と結びついているのか

関連単元	国際交流を進めている地域	討論の形態	グループ
テーマのタイプ	事実習得型（基礎知識の確認）	所要時間	ショート

●事前の指導・実施場面

　県内の特色ある地域についての学習では、国際交流に取り組んでいる地域を取り上げます。ここでは、事例地を選択して調べるまえに、県や市がどのような国と結びついているのかを資料やインターネットなどで調べ、討論させます。

●討論の進め方

> ①　「自分たちの住んでいる県は世界のどのような都市と結びついていますか」と問いかけます。その際、姉妹都市関係、スポーツや文化による交流、飛行機などの交通機関など、「何による」結びつきかを明らかにしておきます。
> ②　世界地図で結びつきのある都市を確認し、その場所を白地図に表します。数が多くなるほど、結びつきの強さに気づいています。ここまでは学級全体で進めます。
> ③　自分たちの住んでいる市や県内の主な市町村について、結びつきの都市を調べ、位置を地図に表します。ここではグループごとに進めます。
> ④　出来上がった地図（資料）を見て、「私たちの県や市は世界のどのような都市と結びついているのか」について討論します。県や多くの市町村が、世界の都市と交流していることに気づかせます。

●結果のまとめ

　討論のあと、国際交流に熱心な地域から１つの市町村を選択して、取り組みの様子について具体的に調べます。本テーマによる討論は、事例地を取り上げて学習していくオリエンテーションとしての役目をもっています。

Q 17 地域の伝統工業がおとろえてきたのはなぜか

関連単元	地域の伝統工業	討論の形態	学級全体
テーマのタイプ	事実習得型（背景の思考）	所要時間	ショート

●事前の指導・実施場面

　地域の伝統的な技術を生かした産業を取り上げて調べていくと、伝統工業に携わってきた人々の並々ならぬ努力やその産業のよさとともに、さまざまな課題や問題を抱えていることにも気づいてきます。また、工場の数、生産量（生産額）などの推移を示すと、全体として衰退してきていることがわかります。ここでは、その原因はどこにあるのかについて考えさせ討論します。

●討論の進め方

---

① 地域の伝統工業がおとろえてきた原因や理由は何でしょうか。
　（例）・毎日の生活のなかであまり使わなくなったからだと思う。
　　　・手作りなので、値段が高く、伝統的な工業製品を買わなくなったからではないか。
　　　・原料や材料が手に入れにくくなったこともあると思う。
　　　・働く人の数が減ってきたことも影響しているのではないか。
② どうしてそうなったのでしょうか。
　　例えば「どうして、人々が伝統的な工業製品を買わなくなってしまったのか」を例にして討論します。

●結果のまとめ

　おとろえてきた原因や理由についてある程度の目処が付いた段階で、次に「では地域に長く受け継がれてきた伝統工業をこれからも引き継いでいくためには何が必要なのか」をテーマに、さらに討論を続けます。ここでは、少しでも自分のこと、自分の地域の問題としてとらえさせるところがポイントです。

Q 18 地域の伝統文化を守るためには、何が必要か

関連単元	伝統文化を守る工夫	討論の形態	学級全体
テーマのタイプ	社会発信型（提案する思考）	所要時間	ロング

●事前の指導・実施場面

　県内の特色ある地域の事例として、伝統文化を保護・活用している地域が取り上げられます。これまで、子どもたちは伝統文化のよさや、よき伝統文化を守り育てている人々の働きについても学んでいます。ここでは、これらの学習を踏まえて、地域の伝統文化をこれからも守り発展させていくにはどうしたらよいか、子どもなりの知恵を出し合います。伝統文化を一般論としてではなく、県内の祭りや年中行事をもとに具体的に考えさせます。

●討論の進め方

① 地域の祭りのよさと課題（問題点）について復習します。
　（例）・祭りには地域の人々の心を1つにする重要な役割がある。
　　　　・これからも続けていくためにはさまざまな問題がある。
② これからも地域の祭りを長く続けていくためには、何が必要なのかを討論します。主催者の立場から後継者の確保することと、見学者や観光客を増やすことの2つに分かれてそれぞれ討論し、アイデアを出し合います。
　（例）・どうしたら後継者が増えるか。
　　　　・どうしたら見学者や観光客が増えるか。

●結果のまとめ

　討論したあと、一人一人に改めてテーマに対する自分の考えを書かせます。その際、地域の祭りや年中行事と自分（たち）との関わりを意識させ、自分の問題としてとらえさせるようにします。書いたことを地域の関係者などに届け、意見や評価を受けるとよいでしょう。

Q 19 地域の自然環境を守るためには、どうたらよいか

関連単元	自然環境の保護と活用	討論の形態	学級全体
テーマのタイプ	意思決定型（ジレンマの思考）	所要時間	ロング

●事前の指導・実施場面

　県内の特色ある地域の事例として、自然環境を保護・活用している地域が取り上げられます。多くの地域では豊かな自然環境が脅かされているのが現状です。自然環境にはその地域に住みつづけている貴重な動物も含まれます。ここでは、「動物の駆除問題」を例に自然保護のあり方について討論させます。

●討論の進め方

① 地域の山林で、ニホンカモシカが増えつづけ、木の皮がかじられるなど多くの被害が出ています。このことについて、次のような意見があります。

カモシカは国の特別天然記念物です。貴重な動物なのだから被害が出ても人間が我慢して、カモシカを守るべきです。	木が枯れ、豊かな自然が壊されているのだから、また、カモシカの数も増えているのだから駆除したほうがいいです。

② これらの意見に対して、どちらに賛成しますか。「駆除する」「駆除しない」「第三の意見」の３つのグループに分かれて討論します。途中で意見が変わったときには移動してもよいことにします。

●結果のまとめ

　討論では、一定の結論を出さず、オープン型で終了します。社会には簡単に結論を出すことのできない問題があること、それらの解決にはさまざまな知恵を出し、合意形成を図っていくことが大切であることに気づかせます。

Q 20 小笠原村に飛行場を造ったほうがよいか。造らないほうがよいか

関連単元	小笠原の自然を守る工夫	討論の形態	学級全体
テーマのタイプ	意思決定型（ジレンマの思考）	所要時間	ロング

●事前の指導・実施場面

　世界自然遺産に登録された小笠原諸島に、飛行場を造る話があります。これには、賛成と反対の意見があります。二分する事案に対して、子どもなりに考え判断させます。意見表明できる力をつけることにねらいがあります。

●討論の進め方

①　小笠原村に飛行場を造ることに、賛成、反対の意見があります。

【賛成の理由】

　大きな病院がありません。重い病気になったときには、飛行機で都内の病院に早く行くことができます。観光客も大勢来て島がにぎやかになります。

【反対の理由】

　島には珍しい鳥や貝、虫や植物などが住んでいます。飛行場ができると、環境が壊され豊かな自然が脅かされます。ごみが増え、島が汚されます。

②　「２つの意見を聞いて、あなたはどちらの意見に賛成しますか」と問いかけて討論します。子どもたちが感情的にならないように、これまで調べたことをもとに、また島に住む人たちの立場から考えさせます。

●結果のまとめ

　ここでは一方の意見にまとめることはせず、オープン型で終了します。ジレンマを感じさせる問題の解決に当たっては、事象を多角的に見たり考えたりして判断することが大切であることに気づかせます。

3 5年の討論テーマと進め方

Q1 わが国の国土の位置の表し方にはどのような方法があるか

関連単元	国土の範囲と位置	討論の形態	学級全体
テーマのタイプ	事実習得型（基礎知識の確認）	所要時間	ショート

●事前の指導・実施場面

　わが国の国土の範囲や位置に関する学習のなかで、本テーマについて討論させます。わが国を含めた東アジアの地図を示して、「わが国の国土の位置を表すにはどのような言い方があるだろうか」と問いかけます。

●討論の進め方

> ① 討論に先だって、子どもたちの座席の位置（座席表）を使って、ある子ども（M子）の位置の表し方を考えさせます。学級全体から見ると、学級の右側の前のほうです。右から2列目、前から3番目です。学級全体から見ると、M子さんはA男さんやB子さん、C男さんたちに囲まれていますなどの言い表し方があることを押さえておきます。
> ② わが国の国土の位置について、討論をとおして次のような表し方があることに気づかせます。
> ・アジア大陸から見た方角を使った表し方
> ・緯度、経度を使った表し方
> ・国土の周囲を説明して言い表す方法

●結果のまとめ

　ここでは、位置の表し方についての基礎的な知識を習得させることにねらいがあります。討論をとおして確認したあとに、都道府県を例にして、位置の言い表し方について復習します。

Q2 わが国の地形にはどのような特色があると言えるか

関連単元	わが国の国土の地形	討論の形態	学級全体
テーマのタイプ	概念獲得型（総合化する思考）	所要時間	ショート

●事前の指導・実施場面

　わが国の地形について、山地や山脈、平野や盆地、川や湖、海岸など観点から現状について具体的に調べ、白地図に表したあとに、本テーマを提示して討論を促します。ここでは、具体的な知識を総合化させることによって、概念的な知識を導き出させるところにねらいがあります。

●討論の進め方

> ① 討論に先立って、これまで調べてきた山地や山脈、平野や盆地、川や湖、海岸など観点ごとにどのような特色が見られたかをふり返ります。
> 　（例）・国土の約4分の3を山地が示しています。
> 　　　・川の長さはヨーロッパなどの川と比べて短く、急流です。
> 　　　・平野は川の下流に広がっていますなど。
> ② これまで調べたことをまとめると、わが国の地形にはどのような特色があると言えますか。ここでは、まず自分の考えをカードやホワイトボードなどに書かせます。類似しているものを集約して、それをもとに討論します。

●結果のまとめ

　ある事象の特色は他の事象と比べることによって明確になるものです。わが国の地形から見た特色をとらえさせる場合にも、他の国と比べるという手法を取り入れることができます。討論の結果をまとめる際には、平地の国「オランダ」、山岳の国「スイス」、低地の国「タイ」、砂漠の国「サウジアラビア」など、地形から見て特徴的な国を紹介するとよいでしょう。

Q3　わが国の気候にはどのような特色があると言えるか

関連単元	わが国の国土の気候	討論の形態	学級全体
テーマのタイプ	概念獲得型（総合化する思考）	所要時間	ショート

●事前の指導・実施場面

　わが国の気候について、気温と降水量、季節風や台風など観点から現状について具体的に調べたあとに本テーマを提示します。本テーマは、「わが国は場所によって気候はどのように違うか」「わが国の気候は時期によってどのように変わるか」「風の吹き方は季節によってどのように変わるか」など、より具体化して示すこともできます。

●討論の進め方

> ①　「わが国は場所によって気候はどのように違うでしょうか」と問いかけ、日本列島の南と北の違い、太平洋側と日本海側の違いについて討論します。これは空間軸による見方を使った思考を促すものです。
> ②　「わが国の気候は時期によってどのように変わるでしょうか」と問いかけ、主に春・夏・秋・冬の四季（季節）による気候の違いについて討論します。これは時間軸による見方を使った思考を促すものです。
> ③　縦に気温、降水量、季節風、台風などの観点を、横に時間軸、空間軸の項目を書き入れた表に整理していくと、特色が可視化できます。

●結果のまとめ

　わが国の気候の特色をまとめさせるとき、地形の場合と同様に、特徴的な外国の事例、例えば、熱帯地方にあるインドネシア、寒帯地方にあるロシア、乾燥地域にあるサウジアラビアなどの国や地域の写真を提示します。これらの国の気候と比べることによって、四季の変化のあるわが国の気候の特色をより印象深くとらえさせることができます。

Q4 岐阜県海津市では、今後水害の心配はないのか。まだあるのか

関連単元	低地に住む人々のくらし	討論の形態	学級全体
テーマのタイプ	意思決定型（未来予測の思考）	所要時間	ショート

●事前の指導・実施場面

　低地に位置している岐阜県海津市では、人々を水害から守るために昔からさまざまな対策をとってきました。地域の歴史は水とのたたかいの連続だったと言ってもよいでしょう。こうした知識を習得させたあとに、本テーマを提示し討論します。討論をとおして、自然災害に対する防止対策には絶対に安全ということはないこと、対策を越えた想定外のことが起こりうることに気づかせます。

●討論の進め方

> ① 「今後水害の心配はないのか。まだあるのか」、それぞれの子どもに意思決定させます。その際、なぜそう考えるのか。理由や根拠も考えさせ、当初の考えをノートなどに書かせておきます。
> ② 「心配ない」と「心配だ」の2つのグループに分かれて討論します。全体の場で主張するまえに、グループごとに自分たちの考え（立場）の合理性について確認したり、相手の考えに反論する対策について考えたりする「作戦会議」を行います。
> ③ 教師が司会役をして、討論を進めます。ディベート的な手法を取り入れることもできます。意見を述べるときには根拠を重視させます。

●結果のまとめ

　討論のあとには、「現地の人はどう考えているのだろうか」と問いかけ、例えば現地の歴史民俗資料館の人の話を紹介します。また、最近でも災害が起こっていること（例えば昭和51年に起こった安八町の洪水）を写真などで紹介する方法もあります。

Q5　沖縄の産業を盛んにするにはどのようなアイデアがあるか

関連単元	暖かい沖縄の人々のくらし	討論の形態	学級全体
テーマのタイプ	社会発信型（提案する思考）	所要時間	ロング

●事前の指導・実施場面

　沖縄を取り上げて、暖かい地域の人々の暮らしについて学習したあとに、本テーマを提示します。沖縄は日本列島の南に位置し、1年中暖かな気候であること、きれいな海など自然が豊かであること、サトウキビや菊などを栽培していること、伝統的な文化が根づいていることなどを確認しておきます。

●討論の進め方

> ① 「これまで沖縄に住む人々の暮らしを調べたことを踏まえて、沖縄の産業をさらに盛んにするには、どうしたらよいか。みんなでよいアイデアを考えましょう」と問いかけます。その際、産業には農業、工業、水産業、商業のほか観光業があることを押さえます。
> ② まず、グループごとに話し合いましょう。ここでは、特に重視したい産業を1つ選択して具体的なアイデアを考えさせるようにします。要点をホワイトボードなどに書かせます。
> ③ グループごとに発表します。教師はアイデアを多角的にとらえられるよう、ボードを黒板に掲示していきます。
> ④ 黒板に掲示されたほかのグループのボードを見て、再度本テーマについて討論します。ここでは、視野を広げることにねらいがあります。

●結果のまとめ

　「沖縄の人たちに手紙を書こう」と問いかけ、討論をとおして考えたアイデアをまとめさせます。これまでの学習で登場した農家の人、観光業の人など対象を特定して書かせると、相手を意識して書くことができます。

Q6　熱帯の稲がどうして東北地方や北海道でつくられているのか

関連単元	米づくりの盛んな地域	討論の形態	学級全体
テーマのタイプ	意思決定型（因果関係の思考）	所要時間	ロング

●事前の指導・実施場面

　まず、インドネシアのジャワ島での稲作の様子（写真）やわが国に稲作が伝来したルート（地図）を提示して、稲は本来熱帯生まれの植物であることを押さえます。次に、米の都道府県別生産量のデータを示し、白地図にベスト10の都道府県に色を塗ります。すると、わが国の稲作の盛んな地域は、南のほうよりも、東北地方や北海道など北のほうに広がっていることがわかります。これらを受けて、本テーマを提示します。

●討論の進め方

---

① 熱帯生まれの稲が、どうして東北地方や北海道で盛んにつくられているのでしょうか。グループで話し合い、考えをボードに書きなさい。

② ボードに書いたことを発表し合い、テーマについて討論しましょう。

　（例）・寒い地方でも育つような品種に改良したからではないか。

　　　・稲が少しずつ寒い気候に慣れてきたのではないか。

　　　・東北地方は夏になると暑くなるから、稲が育つのだと思う。

③ いろいろな予想が出されました。これから資料に当たったり、聞き取り調査をしたりして確かめましょう。

●結果のまとめ

　ここでの討論は予想する段階で行うものです。討論のまえに自分の初発の予想を書かせておき、討論のあとにも自分の予想を改めてノートなどに記述させます。これによって、予想をより確かにすることができます。子どもたちから出された予想の内容を整理して、次にそれを確かめる活動に移行します。

Q7 農村の耕作放棄地をどう活用するか

関連単元	わが国の食料生産	討論の形態	学級全体
テーマのタイプ	社会発信型（提案する思考）	所要時間	ロング

●事前の指導・実施場面

　各地の農村では、いま耕作放棄地が広がっている事実を知らせます。具体的には、耕作放棄地の意味や原因などを写真なども使いながら説明します。放棄しておくと、そのうち耕地として使えなくなることについて補足します。

　こうした最低限の情報を提供することによって、このままではせっかくある土地がもったいない。やがて村がだめになるといった危機意識が子どもたちに醸成されていきます。これを受けて本テーマを提示します。

●討論の進め方

---

① 自分だったら、耕作放棄地をどのように有効活用しますか。

　（例）・農業を行っている人に農地として使ってもらう。

　　　・都会から若者に移り住んでもらって、農業を行う。

　　　・都会の子どもたちのために、農業を体験する場にする。

　　　・放棄地を集めて広くし、大規模農業ができるようにする。

　　　・ソーラーパネルを設置して、電気をつくる。

② いろいろなアイデアが出されましたが、このうち実現性の高いのはどれだと思いますか。ここでは、農村や農業を守るためにはよりよい解決が求められていることに気づかせていきます。

●結果のまとめ

　アイデアは、地域のJAなどに届け、感想や評価を受けることも考えられます。現在、農村で起こっている耕作放棄地の広がりをわが国の農業の問題として、また少しでも自分と関わりのある問題として受けとめられるようにしたいものです。

Q8 わが国の食料自給率を上げるべきか。このままでもよいか

関連単元	これからの食料生産	討論の形態	学級全体
テーマのタイプ	意思決定型（総合化する思考）	所要時間	ロング

●事前の指導・実施場面

　わが国の食料生産のまとめとして、これからのあり方を考えさせるために、本テーマを提示して討論します。ここでは、「AかBか型」の単純なテーマにしました。根拠のある討論になるようにすることがポイントです。

●討論の進め方

> ①　わが国の食料自給率は約39％です。これについて次のような意見があります。あなたはどちらの意見に賛成しますか。理由も含めて、ノートに自分の考えを書きなさい。
>
> 【自給率をあげるべき】　　　　　【自給率はこのままでよい】
>
> | 農業を盛んにして食料の自給率をもっとあげるべきです。外国から輸入が止まれば、国民の食生活が困るからです。 | 国内産よりも外国から輸入したほうが値段が安いです。外国と仲良くしていれば、輸入が止まることはないと思います。 |
> |---|---|
>
> ②　2つのグループに分かれて、ディベート的な手法を取り入れて討論します。ここでは、どちらが正しいかではなく、どれだけ相手を納得させる説明ができるかにポイントをおきます。

●結果のまとめ

　討論のあとには、討論の内容ではなく、討論したことに対する感想を書かせます。筋道を立てて、わかりやすく説明することの大切さに気づかせます。

Q9 農業をさらに発展させるためには、どのようなことが必要か

関連単元	わが国の食料生産	討論の形態	グループ
テーマのタイプ	ブレーンストーミング	所要時間	ショート

●事前の指導・実施場面

　これまで、わが国の農業の現状とともに、農業にはさまざまな課題があることを学んできました。ここでは、未来志向の観点から、農業をさらに元気づけるために、どのようなことが必要かを討論させます。子どもたちが未来の農業について自由な発想から夢を語らせることをねらいにしています。

●討論の進め方

> ① わが国の農業にはどのような課題や問題点があるかをふり返ります。
> 　（例）・従事者が高齢化し、後継者が不足していること。
> 　　　・農産物の価格が安定せず、生産者の生活が不安定であること。
> 　　　・外国から価格の安い農産物が輸入されていること。
> 　　　・国民の食の安全・安心に対する意識が高まっていること。
> ② これらの課題を解決するにはどうしたらよいでしょうか。次の３点から討論します。役割を決めて、パネルディスカッションを行うことも考えられます。
> 　・農家の人たちが行うべきことは
> 　・国や地方公共団体が行うべきことは
> 　・私たち国民の役割は

●結果のまとめ

　討論のあとには、農家、国や地方公共団体、消費者の言い分をノートなどに整理させます。農業の未来に対して解決策を考え、少しでも明るい展望を見いだすことができるように、夢のある討論にします。

Q 10　農業に携わる人を増やすには、どのようなことが必要か

関連単元	これからの食料生産	討論の形態	学級全体
テーマのタイプ	ブレーンストーミング	所要時間	ロング

●事前の指導・実施場面

　これまでの学習で、農家の後継者が不足していることや農業従事者が減少していることを学んでいます。人の問題がこれからのわが国の農業のカギを握っていると言ってもよいでしょう。ここでは、これらの事実を踏まえ、本テーマを提示し、自由な発想で討論させます。

●討論の進め方

① 次は農家の跡をつがなかった人ややめていった人の言い分です。

> 農家の仕事は大変です。農作物の価格が不安定で、収入も多くないからです。会社に勤めたほうが生活が安定しています。

> 作物を育てることは楽しいのですが、機械を買ったりするとお金がかかります。気候の影響を受け、収入が不安定です。

② 農業に携わる人を増やすには、どのようなことが必要でしょうか。
　（例）・都会の農業に興味をもっている人に移り住んでもらう。
　　　・いくつかの農家が集まって会社をつくり、大規模に行う。
　　　・機械の購入や作業を地域で協力して行うようにする。
　　　・子どものころに、農業の大切さや魅力を教える。

●結果のまとめ

　討論のあとに、討論から学んだこととともに、「農業の魅力は何か」というテーマで自分の考えを書かせます。子どもと農業のあいだの距離を縮めます。

Q 11 秋田県沖のハタハタが減少している。どうしたらよいか

関連単元	わが国の水産業	討論の形態	学級全体
テーマのタイプ	意思決定型（アイデアの思考）	所要時間	ショート

●事前の指導・実施場面

　水産資源の枯渇の問題が話題になっています。「とる漁業、育てる漁業」について学習したあとに、秋田県沖でのハタハタの漁獲量が減少している事実を示し、どうしたらよいのかをテーマに自由に討論します。その際、これまでの学習事項や経験などを根拠に発言するようにします。

●討論の進め方

> ①　秋田県沖でのハタハタ漁に対して　次のような意見があります。
> 　A　しばらくハタハタ漁を休みます。その間、漁業以外の仕事に就いて収入を得ます。
> 　B　ハタハタを養殖したり栽培したりする方法を開発して、安定的に確保できるようにします。
> 　C　とる時期やとる量、日数、場所を制限します。小さなものはとらないように網の目を大きくします。
> 　D　とれるうちにハタハタをたくさんとり、とれなくなったら他の魚をとるようにします。
> ②　これからのハタハタ漁について、A〜Dのどの意見に賛成しますか。理由も含めて討論しましょう。

●結果のまとめ

　討論のあと、秋田県では一時70トン（平成3年）にまで激減したとき、3年間全面禁漁にしたこと、県が厳しい管理をしたことによって、平成20年には約3千トンにまで回復したことを知らせます。

Q 12 日本人がクジラを食べることは食文化か、動物虐待か

関連単元	わが国の水産業	討論の形態	学級全体
テーマのタイプ	意思決定型（総合化する思考）	所要時間	ロング

●事前の指導・実施場面

　わが国においては、クジラを食料にすることや加工して利用することが文化として根づいてきました。しかし、外国からは、哺乳動物であるクジラをとることに対して動物虐待などと批判されています。ここでは、価値観の異なる事案をテーマに討論し、わが国の食文化について考えさせます。

●討論の進め方

① わが国には、クジラをとって仕事をしている人がいること、クジラを食料にしてきたこと、とったクジラは無駄にすることなく利用してきたことなど、クジラは暮らしのなかに日本人の文化として根づいてきたことを知らせます。

② 現在、わが国は調査を目的にした捕鯨を行っていますが、これに対して、外国から「捕鯨をやめるように」と指摘されています。こうした意見に対してどう考えますか。

（例）・クジラはイルカと同じように哺乳類だからとらないほうがよい。
　　　・近年、クジラは増えているので、数を決めてとってもよい。
　　　・日本人の食文化を維持するためにとりつづけてもいい。
　　　・牛や豚を食べている人が、クジラをとってはいけないと言う資格はないと思う。

●結果のまとめ

　一定の結論に導くことは避けたいですが、捕鯨問題に対して自己の考えを根拠も含めてしっかりもつように指導します。家庭での議論を促してもよいでしょう。

Q 13　水産業に携わる人を増やすには、どのようなことが必要か

関連単元	わが国の水産業	討論の形態	学級全体
テーマのタイプ	社会発信型（アイデアの思考）	所要時間	ロング

●事前の指導・実施場面

　農業と同様に、水産業に携わる人も減少しています。水産業を持続的に発展させるためには、従事者の確保が必須の要件になります。ここでは、そのための方策を考えさせます。アイデアの実現度とは別に、子どもらしい発想が出されるよう期待したいです。

●討論の進め方

> ①　「漁業従事者の年齢層別人口の移り変わり」のグラフを提示して、次のことを確認します。
> 　・水産業に携わる人は年々減少していること。
> 　・年齢層別を見ると、特に若い人が漁業に就いていないこと。
> ②　若い人たちが魅力を感じる漁業にするためには、どうしたらよいだろうかをテーマに討論します。
> 　（例）・機械化を進めて、仕事が少しでも楽にできるようにする。
> 　　　　・漁船を大型にして、安全に操業できるようにする。
> 　　　　・消費者は困るが、魚の値段を高くして収入を増やす。
> 　　　　・とれた魚の量が少ないときに、収入が減らないようにする。

●結果のまとめ

　子どもらしいアイデアが多様に出されたあと、現実に目を向けて、選択させます。これは優先順位を決めることでもあります。また、他業種から漁師になった人の話を教材化して、どこにやりがいがあるか。生きがいを感じるときはいつかなどについて考えさせます。

Q 14　日本の工業の中心は何だと言えるか

関連単元	わが国の工業生産	討論の形態	学級全体
テーマのタイプ	事実習得型（基礎知識の確認）	所要時間	ショート

●事前の指導・実施場面

「日本の工業の中心は機械工業である」ことを資料などから発見させるための討論です。事前には次のような内容について確認しておきます。

① 私たちの生活のなかでは、さまざまな工業製品が使われていること。
② これらの工業製品は、金属工業、機械工業、化学工業、食料品工業、繊維工業などに分類されること。

こうした学習を受けて、本テーマ「金属工業、機械工業、化学工業、食料品工業、繊維工業のうち、日本の工業の中心はどれか」と提示します。

●討論の進め方

> ① まず、これまでに習得した知識や経験をもとに、工業の中心は何かを討論します。ここでは、多様な考えを尊重し、できるだけ理由を述べさせます。これによって、同じ工業を予想していても、その理由が異なっていることが明確になります。この場が、討論の中心になります。
> ② 次に、工業別の生産額、工場数、働いている人の数のそれぞれの資料を提示します。そして、日本の工業の中心はどれかを検討します。いずれの資料からも、機械工業がメインであることに気づかせます。討論する必要はありません。

●結果のまとめ

討論のあと、改めて機械工業には自動車、電化製品、精密機械などの工業製品があることをふり返ります。次時からこれらのなかから自動車を取り上げて、自動車工業の盛んな地域を調べていくことを予告します。

Q 15　中小工場はどのような役割を果たしていると言えるか

関連単元	中小工場の役割	討論の形態	学級全体
テーマのタイプ	概念獲得型（総合化する思考）	所要時間	ロング

●事前の指導・実施場面

　自動車工業の盛んな地域の学習では、大工場である組み立て工場だけでなく、さまざまな部品やパーツをつくっている関連工場が取り上げられます。ここではこうした学習経験を生かして、大工場と中小工場との関係に目を付けて、中小工場の役割について考えさせるものです。

●討論の進め方

① 　自動車工業の盛んな地域の学習では、関連工場である中小工場は大工場とどのような関係にありましたか。
　（例）・組み立て工場から注文を受けて、部品を届けている。
　　　　・組み立て工場のまわりには、関連工場がたくさん分布している。
　　　　・関連工場相互の間にも、部品（製品）を「注文する＝届ける」の関係がある。
② 　中小工場はどのような役割を果たしているのでしょうか。
　（例）・大工場の部品をつくるなど、大工場での生産を支えている。
　　　　・中小工場での優れた技術を生かして、独自の製品をつくっている。
　　　　・中小工場は昔から伝統的な技術を生かして生産している。

●結果のまとめ

　ややもすると、子どもたちは大工場にのみ関心が向きがちです。わが国の工場の大多数は中小の工場であり、それらの役割に目を向けることは、わが国の工業生産の現状を理解するうえで重要なことです。ここでは、大工場との関係性とともに、中小工場の独自性にも気づかせるようにします。

Q 16 トラック、鉄道、船舶、飛行機の輸送のメリットとデメリットは何か

関連単元	貿易と輸送	討論の形態	学級全体
テーマのタイプ	事実習得型（基礎知識の確認）	所要時間	ロング

●事前の指導・実施場面

　まず、人や物を輸送する手段には、トラック、鉄道、船舶、飛行機があることを確認します。ここでは、それぞれの輸送手段のメリットとデメリットについて調べ、発表させながら図表に整理させるものです。討論するというよりも、報告するといった活動が中心になります。

●討論の進め方

① トラック、鉄道、船舶、飛行機の輸送のメリットとデメリットは何でしょうか。資料などで調べ、次の表を完成させましょう。ここでは、輸送手段ごとに分担して調べさせることもできます。

	メリット	デメリット
トラック		
鉄　　道		
船　　舶		
飛行機		

② 沖縄の農家の人たちが東京に大量のパイナップルを送ります。あなたはどの輸送手段を選びますか。理由を出し合いながら討論しましょう。

●結果のまとめ

　トラック、鉄道、船舶、飛行機の各輸送手段にはそれぞれメリットとデメリットがあり、運ぶものやその状態、輸送先、価格などの面から検討し、利用されています。それぞれの利点を生かすことが大切であることに気づかせます。

Q 17 日本の自動車工業をこれからも発展させるために何が必要か

関連単元	これからの工業生産	討論の形態	グループ
テーマのタイプ	社会発信型（総合化する思考）	所要時間	ショート

●事前の指導・実施場面

　工業単元の終末に位置づいている、「これからの工業生産」のなかで扱います。ここでは、自動車を例に、これからの工業生産のあり方について子どもたちに考えさせ、工業の発展に関心をもたせるところにねらいがあります。自動車工業の盛んな地域の学習のあと、直近で実施することもできます。

●討論の進め方

> ① 日本の自動車工業をさらに発展させるためには、何が必要でしょうかとズバリ問いかけ、次のような作業を促します。
> 　・まず、各自が自分の考えをカードに書きます。1枚のカードに1つのことを書くようにします。1人が2〜5枚程度書けるとよいです。
> 　・次に、3〜4人程度で構成されたグループをつくって、書いたカードを出し合います。この段階でのカードはバラバラです。
> 　・カードをいわゆるKJ法で仲間分けします。仲間ごとに見出し（タイトル）を付けるようにします。
> ② 日本の自動車工業をさらに発展させるためには、何が必要でしょうかと改めて問いかけ、討論を促します。グループごとに発表させ、優先順位を付けるようにすると討論が盛り上がります。

●結果のまとめ

　ここでのポイントは、消費者と社会のニーズを踏まえた持続的な研究・開発です。安全性や快適性など人（消費者と働く人）と環境に優しい車づくりは永遠の課題です。ユニバーサルデザインの視点を位置づけることもできます。

Q18 自治体が工場の誘致を進めているのはどうしてか

関連単元	これからの工業生産	討論の形態	学級全体
テーマのタイプ	意思決定型（関係性の思考）	所要時間	ショート

●事前の指導・実施場面

　現在、多くの自治体では、工場などの企業誘致を進めています。ここでは、わが国の工業生産に関する学習の発展として、自治体が工場の誘致を進めている意図やねらいを考えさせるものです。こうした動きが身近な地域で見られる場合には、それらを教材として取り上げ、具体的に考えさせます。

●討論の進め方

> ①　この地域では、いま企業の工場誘致を進めています。企業は、土地代をはじめ、電気代や税金などに優遇措置を受けることができます。
> ②　○○県や△△市では、土地代や税金などを安くしてまで、どうして工場を誘致しているのでしょうか。考えを出し合って討論しましょう。
> 　（例）・広い土地を空き地のままにしておくのはもったいないから、土地を有効に活用するためだと思う。
> 　　　・大きな工場が町にやって来ると、町が有名になり、町が活気づくからではないか。
> 　　　・工場ができると、働く場所がつくられる。すると、若者が都会に行かずに、地域に住み着くようになる。
> ③　市役所で工場誘致の仕事をしている係の人から、話を聞きましょう。

●結果のまとめ

　ここでは、地域の活性化など「地域創生」と関連づけて討論の方向づけをします。地域に見られる課題を取り上げて討論することによって、地域の課題を意識するだけでなく、課題の解決方法にも関心をもつようになります。

Q 19　新聞とテレビのよいところと課題は何か

関連単元	情報を生かす暮らし	討論の形態	学級全体
テーマのタイプ	事実習得型（基礎知識の確認）	所要時間	ロング

●事前の指導・実施場面

　私たちは日常生活において、新聞とテレビを活用しています。ここでは、ニュースを例にして、新聞とテレビの優れたところを中心に討論し、合わせて課題にも気づかせようとしています。どちらがよいかではなく、それぞれの利点を生かしながら活用することの大切さに気づかせます。

●討論の進め方

> ①　ニュースについて知りたいとき、新聞はテレビと比べて、どんなところがよいでしょうか。また、課題は何でしょうか。
> 　（例）・いつでも、詳しく、マイペースで読むことができる。
> 　　　　・切り抜きして、保存することができる。
> 　　　　＊翌日の朝にならないと、新しいニュースがわからない。
> ②　では、テレビは新聞と比べて、どんなところがよいでしょうか。また課題は何でしょうか。
> 　（例）・映像と音声で、内容がわかりやすく、より深く理解できる。
> 　　　　・大きな事件が起こったときには、すぐに知ることができる。
> 　　　　＊持ち運びが困難である（ただし、インターネットを使えば可能）。
> ③　新聞とテレビの両方をうまく使うにはどうしたらよいでしょうか。

●結果のまとめ

　いまではインターネットが普及していますから、ラジオも含めて、新しい情報手段についても同様に議論するとよいでしょう。優劣をつけることではなく、それぞれの利点を生かして有効利用することが大切であることに気づかせます。

Q 20 日ごろ、新聞をどのように活用しているか

関連単元	情報を生かす暮らし	討論の形態	学級全体
テーマのタイプ	自己内省型（生活のふり返り）	所要時間	ショート

●事前の指導・実施場面

「新聞をつくる人たち」の学習の導入場面に位置づけ、新聞への関心をもたせることをねらいに実施します。近年、新聞を講読していない家庭もあり、討論に当たっては新聞を用意しておきます。日ごろから、掲示板などに掲示したり、学校図書館に備えたりしておくとよいでしょう。

●討論の進め方

> ① 新聞を週当たり、何日ぐらい見たり読んだりしていますか。
> ・毎日、週6～4日、週3～1日、読まない
> ② 新聞を1日当たり、何時間ぐらい見たり読んだりしていますか。
> ・1時間以上、50～30分、30～10分、10分以下、読まない
> ③ 新聞のどこを読んでいますか。
> ・政治、経済、国際、文化・暮らし、スポーツ、社会、テレビ欄、そのほか
> ④ 日ごろから、新聞をどのように活用したらよいでしょうか。討論しましょう。
> （例）・読む時間を決めておくとよい。
> 　　　・大きな見出しだけでも見るようにする。
> 　　　・関心のあるところは、詳しく読む。

●結果のまとめ

文字活字離れが指摘されていますが、新聞を読まない若者が増えていると言います。こうした課題の解決に当たっては子どもたちに新聞の役割を知らせ、新聞に関心をもたせることが大切です。ここに本テーマの趣旨があります。

Q 21 インターネットは暮らしをどう変えたか

関連単元	情報を生かす暮らし	討論の形態	学級全体
テーマのタイプ	自己内省型（心構えの思考）	所要時間	ショート

● 事前の指導・実施場面

　日常で利用されている情報機器の1つにインターネットがあります。社会科などの調べ学習で利用している子どももいます。ここでは、討論のまえに、インターネットを使うようになって、暮らし（ここでは買い物の仕方に焦点を当てます）がどのように変わってきたかを家族などに取材させておきます。

● 討論の進め方

> ①　インターネットを使うようになって、買い物はどのように変わりましたか。取材したことをもとに、討論しましょう。
> 　　　○これまでは　　　　　　　○いまでは
> （例）・電話で注文していた　　　・インターネットで注文する
> 　　　・店に行って買っていた　　・通信販売の商品を買う
> ②　買い物のよい点と問題点について討論します。
> 　　　○これまでは　　　　　　　○いまでは
> （例）・実物を見て判断した　　　・写真だけで判断する
> 　　　・洋服は試着した　　　　　・取り寄せてみると、イメージが
> 　　　・戻しが簡単にできる　　　　違うことがある
> ③　インターネットは暮らし（買い物）をどう変えたと言えるのでしょうか。これまでの話し合いを踏まえて討論しましょう。

● 結果のまとめ

　インターネットのもつ利便性と課題について、多面的な受けとめができるようにします。これは社会生活を送るうえで重要な見方・考え方です。

Q 22　インターネットを利用するとき気をつけることは何か

関連単元	情報を生かす暮らし	討論の形態	学級全体
テーマのタイプ	事実習得型（モラルの理解）	所要時間	ロング

●事前の指導・実施場面

　情報や意思を伝えるものには、直接対話すること以外に、電話や手紙、最近ではインターネットの利用があることを確認します。ここでは、暮らしのなかで情報をどのように生かすかを考えさせる場面で、インターネットを利用するときには、ルールやマナーを心がけることが大切であることを学ばせます。

●討論の進め方

> ①　インターネットをどのようなときに利用していますか。
> 　（例）・情報を得るとき（情報の収集）。
> 　　　　・情報を伝えるとき（情報の発信）。
> ②　ネット上の情報を活用するとき、どのようなことに気をつけないといけないか。メールを例に討論しましょう。
> 　（例）・パスワードを誰にも知らせない。
> 　　　　・迷惑メールは無視する。怪しいメールは開かない。
> 　　　　・チェーンメールも無視する。
> 　　　　・相手が傷つくようなことはけっして書かないなど。

●結果のまとめ

　ここでは、インターネットを活用する際に一人一人が気をつけなければならない情報モラルがあることを知らせ、「チェックシート」でこれまでの利用の仕方に問題がなかったか、ふり返らせます。

　なお、インターネット利用で起こる問題点だけでなく、利便性についても考えさせ、目的に応じて上手に活用することの大切さに気づかせます。

Q 23 私たちの国土はなぜ自然災害が多いのか

関連単元	自然災害を防ぐ	討論の形態	学級全体
テーマのタイプ	事実習得型（関係思考）	所要時間	ロング

●事前の指導・実施場面

　わが国では、毎年のようにいつでも、どこでも、さまざまな自然災害が起こっています。なぜわが国が「災害列島」と言われているのか。その理由を考えさせ、国土に対する理解や認識を深めさせます。本テーマは、小単元「自然災害を防ぐ」の導入場面が効果的です。

●討論の進め方

> ① わが国では、どのような自然災害が起こっていますか。
> 　・地震や津波、洪水、台風、火山の噴火、土砂崩れなど。
> ② それらの災害がわが国ではどうしてたびたび起こるのか。自然災害を1つ選んでグループで調べなさい。
> ③ 調べてわかったことを発表し、討論しましょう。
> 　・地震や津波（わが国の周辺に地震が起こりやすいプレートがある。国土には無数の活断層がある）
> 　・洪水（川が短く急流だから、大雨が降ると堤防を越えることがある）
> 　・火山の噴火（わが国には活火山が110もある）
> 　・土砂崩れ（山がちな国土であり、大雨が降ると崩れやすい）
> 　・台風や暴風（わが国は発生した台風の通り道に位置している）

●結果のまとめ

　わが国で自然災害が多発しているのは、気象条件とともに、地形や地質などの地象条件が影響していることを押さえます。地象については、地震の少ないヨーロッパなどと比べるとわかりやすいでしょう。

Q 24 自然災害を防ぐために、国として取り組むべきことは何か

関連単元	自然災害を防ぐ	討論の形態	学級全体
テーマのタイプ	事実習得型（基礎知識の確認）	所要時間	ロング

●事前の指導・実施場面

　自然災害防止の観点に「公助」があります。「自然災害から人々を守るために、国ではどのような取り組みを行っているか」について、事前に調べさせておきます。それを受けて、本テーマについて討論し、公助に関する基礎的な知識を確認させます。ここでは土砂災害を中心に討論します。

●討論の進め方

> ①　土砂災害から人々を守るために、国ではどのような取り組みを行っていますか。予防と対処の観点から討論しましょう。
> 　（例）・川の上流に砂防ダムや砂防堰堤を建設している。
> 　　　・大雨が降っても土砂崩れが起こらないように、山の斜面を強固にしている。
> 　　　・主な河川ごとに土砂崩れが起こらないかを監視し、必要に応じて避難などの情報を住民に伝えている。
> ②　これらの取り組みを国が行っているのはどうしてでしょうか。
> 　（例）・工事の規模が大きく、費用がかかるため。
> 　　　・いくつかの県や市などにまたがることがあり、国がリードする必要があるから。

●結果のまとめ

　ここでは、自然災害防止に関する対策や事業は、国の役割であることを押さえます。住民の個人的な努力では限界があるからです。ここで話し合われたポイントは、ほかの自然災害にも応用できることに気づかせます。

Q 25 自然災害から身を守るために、個人としてなすべきことは何か

関連単元	自然災害を防ぐ	討論の形態	学級全体
テーマのタイプ	自己内省型（心構えの思考）	所要時間	ロング

●事前の指導・実施場面

　これまで自然災害から住民を守るために、国や地方公共団体がさまざまな努力をしていることや、地域住民が協力し合っていることを学んできました。これらを踏まえて「自分の命は自分で守る」ために「自助」の観点から討論します。ここでは、身近な河川が大雨で氾濫することを想定します。討論に当たっては、これまでの学習で身につけた知識や見方を生かすようにします。

●討論の進め方

> ①　近くの〇〇川は数年前に氾濫しました。大雨が降るといつ氾濫するかわかりません。みなさんは日ごろからどのような備えをしますか。
>   （例）・非常用の持ち出し袋を用意しておく。
> 　　　　・避難訓練を繰り返し行う。
> ②　「持ち出し袋」にはどのようなものを入れておきますか。入れておきたいものを書き出しなさい。
> ③　「持ち出し袋」に入れておくとよいものを発表し合い、自分が考えたものがよかったかを点検しましょう。
> 　　ここでは、絶対に必要なもの、できれば必要なもの、必要ないものに分けて討論し、吟味し合います。

●結果のまとめ

　本テーマによる討論は、社会科の学習内容と関連づけて実施することを考えましたが、学級活動の時間に話し合わせることもできます。教育課程への位置づけは各学校で判断します。

Q 26 森林にはどのような役割があるか。多面的にとらえよう

関連単元	森林資源の働き	討論の形態	学級全体
テーマのタイプ	事実習得型（多面的な理解）	所要時間	ロング

●事前の指導・実施場面

　森林資源には多様な機能がありますが、それらが子どもたちに体系的に伝えられていないようです。ここでは「森林資源の働き」の学習の導入場面で、その働きを概要（総論）としてとらえさせるものです。

　実施に当たっては、森林のさまざまな働きが読み取れるように配慮された写真かイラスト（図）を用意します。ここには、「水をたくわえる働き」「小動物や小鳥などのすみか」などの文字は書き込まれていません。

●討論の進め方

①　ここに、森林の様子を示した１枚のイラスト（図）があります。これを見て、森林にはどのような働きがあるか。討論しながら、イラストのまわりに書き出しましょう。
（参考）　林野庁のホームページに森林の機能が紹介されています。
②　イラストからいくつの働きを見つけることができましたか。

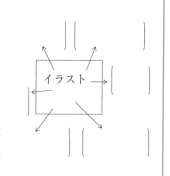

●結果のまとめ

　討論のあと、次に各論に進みます。例えば木材供給の機能に目をつけて、林業で働く人の様子についての学習に発展させていきます。いくつかの機能を具体的に調べることによって、森林資源の働きを多面的に理解していきます。

Q 27 割り箸は森林資源を無駄にしているのか。有効利用しているのか

関連単元	森林資源の働き	討論の形態	グループ
テーマのタイプ	価値判断型（知識の確認）	所要時間	ロング

●事前の指導・実施場面

「森林資源の働き」の学習のあと、森林でつくり出される材木を使って割り箸を生産している人々がいることを知らせます。割り箸は食堂などで日常的に使われている食事をする際の大切な道具です。ここでは、割り箸を例に、森林資源の有効な利用の仕方について考えさせることをねらいにしています。

●討論の進め方

① （割り箸の実物を示しながら）これは材木からつくられています。これは森林資源を無駄にしているのでしょうか。まず「無駄にしている」「無駄ではない」に対して意思決定しなさい。次にその理由を考えノートに書きなさい。

② 2つのグループに分かれて、討論しましょう。まず「作戦会議」を行いなさい。証拠になる資料を集めてもよいです。

> 森林資源を無駄にしています。家の柱などにすることと違って、一度だけ使って、使い捨てにしているからです。

> 無駄にはしていないと思います。割り箸は、木材にした残り（廃材）を使ってつくっていると聞いたからです。

●結果のまとめ

意見が出尽くしたところを見計らって、「割り箸のつくり方」のビデオを視聴させ、実は廃材や切れはしを有効利用していることに気づかせます。

Q 28　公害は人々の健康や生活をどのようにむしばんだのか

関連単元	公害から人々を守る工夫	討論の形態	学級全体
テーマのタイプ	事実習得型（基礎知識の確認）	所要時間	ロング

●事前の指導・実施場面

　かつて、大気や水質の汚染によって、深刻な公害問題が起こりました。いまでは国や地方公共団体、地域住民、企業などの対策や努力によってかなり解決されてきましたが、いまなお苦しんでいる人々もいます。ここでは、身近な地域の環境問題について学習したあと、四大公害病（例えば水俣病など）を取り上げて、その被害の状況について討論します。

●討論の進め方

---

① 熊本県の水俣市ではどのような公害が起こったのかを資料で調べましょう。
　（例）・工場から有機水銀が海に流され、魚が汚染された。
　　　　・汚染された魚を食べた市民や猫が重い病気になった。
② 人々の健康や生活はどのようにむしばまれたのかを資料で調べ、討論しましょう。
　（例）・手足がしびれ、目や耳が不自由になった。
　　　　・大勢の人がなくなっていった。
③ いまでは水俣市には美しい海が戻りました。公害問題はなくなったでしょうか。「解決した」「解決していない」に分かれて討論しましょう。
　（例）・テレビのニュースで聞かなくなったから、解決したのではないか。
　　　　・水俣病で苦しんでいる人がいるので、まだ解決していないと思う。

●結果のまとめ

　「四大公害病」が忘れ去られようとしています。環境問題学習の一環として子どもたちに印象づけたい教材です。水俣市では問題がいまなお残っています。

Q 29 生活環境を守るために私たちにできることは何か

関連単元	生活環境を守る工夫	討論の形態	学級全体
テーマのタイプ	自己内省型（提案の思考）	所要時間	ロング

●事前の指導・実施場面

　生活環境を脅かすものには、騒音、悪臭、水質汚濁、振動などがあります。このほか、町にごみが散らばっていることも広い意味で生活環境の汚染につながっています。ここでは、地域で環境を守るために努力している人々の働きについて学習したあと、身近な環境の問題を少しでも自分のこととしてとらえさせるために「自分（たち）にできること」を考えさせるものです。

●討論の進め方

> ①　この地域には、快適な生活環境をつくるために、どのような問題がありますか。
> 　（例）・川にごみが流れてくることがある。
> 　　　　・夜遅くまでピアノの音がして眠れないことがある。
> 　　　　・町のなかで煙草を吸いながら歩いている人がいる。
> 　　　　・ルールを守らないでごみを出している人がいるなど。
> ②　こうした問題を解決するために、自分たちにできることはありませんか。「自分（たち）にできること」は何かを考え、討論しましょう。
> 　（例）・道端にごみが落ちていたら、積極的に拾うようにする。
> 　　　　・ポスターをつくって「町を清潔に！」と訴えたい。

●結果のまとめ

　社会のなかに見られる問題を自分のこととしてとらえることは、社会への関わりを意識しはじめている証しです。ただ建前やきれいごとで終わらせないように、その後の発言や行動をつぶさに見守っていく必要があります。

Q 30 これまでの社会科学習でどのようなことを学んだか

関連単元	5年の学習をふり返る	討論の形態	学級全体
テーマのタイプ	自己内省型（ふり返りの思考）	所要時間	ロング

●事前の指導・実施場面

　社会科の最終の時間に、これまでの学習をふり返り、どのようなことを学んできたか。特に印象に残っていることは何かなどを明らかにします。ここでは、学習に対する成就感や達成感を味わわせ、6年の社会科への意欲をもたせることにねらいがあります。

●討論の進め方

① 5年の学習をふり返って、学んだことや印象深いことを次の表にまとめましょう。

	学んだこと	印象に残っていること
国土の自然の様子		
食料生産（農業）		
食料生産（水産業）		

② 作成した表をもとに、みんなで討論しましょう。

●結果のまとめ

　討論のあとに、友だちの発表したことも参考にして、「5年の社会科を学んで」というタイトルで、長文のレポート（ミニ論文）を作成させます。

4 6年の討論テーマと進め方

Q1 若者の投票率が低いのはどうしてか

関連単元	政治のしくみ	討論の形態	学級全体
テーマのタイプ	ブレーンストーミング	所要時間	ショート

●事前の指導・実施場面

　政治のしくみに関する学習で、子どもたちは、選挙で投票することは国民が政治に参加する貴重な機会であり、大切な権利であることを学びます。こうした学習を踏まえて、A県の最近の「知事選挙における年齢層別投票状況」のグラフを示し、20歳以上25歳未満の若者の投票率が他の世代と比べて低いことを読み取らせます。このあとに本テーマを提示します。

●討論の進め方

> ① 「知事選挙における年齢層別投票状況」のグラフを見ると、20歳以上25歳未満の若者の投票率が低いのはどうしてでしょうか。
> 　（例）・政治に対する関心がないからではないか。
> 　　　　・仕事やアルバイトで時間がとれないからだと思う。
> 　　　　・その日に遊びに行く予定が入っていたのかもしれない。
> 　　ここでは、1つの答えを導き出すのではなく、自由に考えを出し合うことをねらいにします。
> ② 投票率を高める必要がありますね。どうしたらよいのでしょうか。
> 　　子どもたちに疑問を残して、討論を終わらせます。

●結果のまとめ

　本テーマをもとに自由に討論することによって、子どもたちに選挙に対して関心をもたせ、投票に行くことの大切さに気づかせていきます。

Q2　若者の投票率を上げるにはどうしたらよいか

関連単元	政治のしくみ	討論の形態	学級全体
テーマのタイプ	社会発信型（提案の思考）	所要時間	ショート

●事前の指導・実施場面

　ここでは、若者の投票率が低いという実態を踏まえて、ではどのような対策や方法をとると、若者の投票率を上げることができるのか。子どもなりに自由に考えさせ、討論します。選挙管理委員会の存在と役割を知らせ、その立場で考えさせても面白いでしょう。

●討論の進め方

---
① 若者の投票率が低いことがわかりました。では、若者の投票率を上げるにはどうしたらよいかを討論し、選挙管理委員会に提案しましょう。
　（例）・選挙の大切さをもっと強く訴える。
　　　　・投票できる場所をもっと増やす。
　　　　・インターネットでも投票できるようにする。
　　　　・子どものころから、政治や選挙に関心をもたせる。
　　　　・投票しなかった人には罰則を与えるなど。
② 考えたことを整理して、選挙管理委員会の人に伝えましょう。
　　ここでは、諸外国の取り組み状況も含めて、子どもたちが考えたアイデアの可能性や課題について説明していただくようにします。

●結果のまとめ

　ここでの討論の正解はありません。自由にアイデアを表明し合うことをとおして、前ページ（Q1）の討論と同様に、選挙に関心をもたせ、選挙に行くことの大切さに気づかせていくところにねらいがあります。合わせて、なぜ投票することが国民の権利なのかについても考えさせます。

Q3　人口が減少していく社会ではどのような問題が起きるか

関連単元	政治の働き	討論の形態	学級全体
テーマのタイプ	意思決定型（未来予測の思考）	所要時間	ロング

●事前の指導・実施場面

　わが国の人口問題は、「人口減少」と「少子高齢化」です。ここでは、両者を関連づけて、これからの社会において想定される問題を考え討論させます。事前には、「わが国の人口動態」のグラフから、わが国の人口はこれまで右肩上がりに増加してきたこと、近年やや減少しつつあること、これからはさらに人口の減少が予測されていることを押さえておきます。

●討論の進め方

> ①　次のグラフ（略）は、わが国のこれまでの人口の推移と、将来推定人口の推移を示したものです。「生産年齢人口（15～64歳）」「65歳以上人口」「14歳以下人口」を色別に表しています。今後、これらの人口はどう変わっていくことが予想されますか。
> ・今後、生産年齢人口（高齢者）が増え、14歳以下人口（子ども）が減っていく。
> ②　これから、どのような問題が起こることが想定できるでしょうか。
> （例）・働く人が少なくなるので、税収が減っていく。
> 　　　・高齢者が増えていくので、社会保障費が増える。

●結果のまとめ

　地域の人口減少をくい止めることは、住民個人の努力だけではできません。討論の結果を踏まえて、政治にはどのような働きが求められるかを考えさせることもできます。また、3年の「市のうつりかわり」で取り上げられた市の人口の変化との関連を図ることもできます。

Q4　わが国の人口を増やすにはどのような対策が必要か

関連単元	政治の働き	討論の形態	学級全体
テーマのタイプ	ブレーンストーミング	所要時間	ロング

●事前の指導・実施場面

　少子高齢化が進行するなかで、特に地方においては人口減少が目立ちます。地域に住む人が少なくなっていくことは、地域の衰退を意味しています。地方を創生し活性化させ、持続可能な社会をつくるためには、人口問題を解決する必要があります。ここでは、わが国の人口を増やすためのアイデアや対策を政治の働きと結びつけて討論させるものです。

●討論の進め方

> ①　「わが国の人口を増やすにはどのような対策が必要か」をまず個人で考えさせ、そのうち最も重要なアイデアをカードに書かせます。
> ②　各自が書いたカードを黒板に掲示し、みんなで仲間分けします。それぞれに見出しを付けます。
> 　（例）・工場を呼び寄せて仕事場をつくる。　・子どもに補助金を出す。
> 　　　　・耕作放棄地を活用する。　・若者に住宅を提供する。
> ③　見出しごとにグループを構成し、そのアイデアのよさをアピールする方法を考えます。
> ④　各グループの代表が集まって、パネルディスカッションを行います。フロアからも意見を述べる機会をつくります。

●結果のまとめ

　子どもたちの考えたアイデアは個人の努力では実現できないことや、実現するためには政治の働きが必要になることに気づかせます。ここでは、身近な地域の課題に目を向け、社会参画への意識を養うところにねらいがあります。

Q5	駅前の違法駐輪をなくすにはどうしたらよいか		
関連単元	政治の働き	討論の形態	学級全体
テーマのタイプ	概念獲得型（総合化する思考）	所要時間	ロング

●事前の指導・実施場面

　政治の働きは住民の願いを実現するところにあることを学んだあとに実施します。まず、自転車で溢れた駅前の様子（写真）や毎日駅を利用している人の話を資料として提示し、駅前に自転車を違法に駐輪している人が多いことや通行人が迷惑していることを確認します。そのうえで本テーマを提示します。

●討論の進め方

> ①　駅前の違法駐輪をなくすにはどうしたらよいでしょうか。
> 　（例）・止めた人から罰金を取るなど、厳しく取り締まる。
> 　　　　→誰がどれくらいの罰金を取るのか。
> 　　　・駅にバスで来たり、歩いて来たりするようにお願いする。
> 　　　　→誰がお願いするのか。
> 　　　・空き地に駐輪場をつくり、安い値段で止められるようにする。
> ②　個人では解決できそうもありませんね。こうした問題はどこで解決するとよいのでしょうか。
> 　（例）・市役所の係の人が考えればよい。
> 　　　・議会で取り上げて、対策を考え実行する。
> 　　　・住民がアイデアを市役所に伝えるなど。

●結果のまとめ

　身近な問題の解決には、市役所や市議会の働きがあることに気づかせます。駐輪場のほかに、公園や歩道橋、児童館や図書館などの公共施設を取り上げて討論することもできます。

Ⅱ　各単元のいち押し討論テーマ100　133

Q6　駅前にある市が所有する土地をどう利用したらよいか

関連単元	政治の働き	討論の形態	学級全体
テーマのタイプ	社会発信型（提案する思考）	所要時間	ロング

●事前の指導・実施場面

　身近な地域（ここでは駅前）に市の所有する空き地を取り上げて、その土地の有効利用について子どもたちの視点から考えさせ、市に提案するものです。地方公共団体の政治の働きの学習のあとに発展的な学習として実施し、社会参画の意識をもたせることをねらいにします。

●討論の進め方

> ①　駅前に学校の校庭ほどの広さの空き地があります。これを有効に利用するには、どうしたらよいでしょうか。今日はこの地域に住む子どもたちの立場から考え、討論しましょう。
> 　（例）・子どもの遊び場がないので、子どももお年寄りも利用できる公園をつくったらどうか。
> 　　　・たくさんの人が集まるように、楽しく買い物ができる、ショッピングモールができるといい。
> 　　　・小さな小川をつくって、ほたるが飛び交う自然の豊かなところにしたい。
> ②　みんなの夢を「設計図」として模造紙に表してみましょう。

●結果のまとめ

　市に都市計画がある場合には、それと比較してみるのもよいでしょう。地域に目を向け、自分たちの考えを提案するという活動は、よりよい社会の形成に参画しようとする意識を養ううえで重要な意味をもっています。政治に関する学習では、知識と生活や地域との結びつきを重視したいものです。

Q7 これからの「日本の歴史」の学習で学びたいことは何か

関連単元	日本の歴史（オリエンテーション）	討論の形態	学級全体
テーマのタイプ	ブレーンストーミング	所要時間	ショート

●事前の指導・実施場面

　「日本の歴史」はこれから70時間程度費やして学んでいきます。学習の冒頭ではこれからの学習に対して、学習内容だけでなく、学習の仕方に対しても動機づけや興味づけをすることが大切です。本テーマを提示したあと、教科書の目次やオリエンテーションのページ、巻末にある年表、登場する主な歴史人物の写真などを参考にして意見を述べるように助言します。

●討論の進め方

> ①　これから「日本の歴史」を学んでいきます。どんなことを勉強していきたいですか。自由に討論しましょう。
> 　（例）・これまでどのような社会があったのかを知りたい。
> 　　　　・武士の戦いに興味があるので、早く戦国時代を学びたい。
> 　　　　・歴史において女性はどのように活躍したのか、知りたい。
> 　　　　・坂本竜馬や西郷隆盛について調べてみたい。
> ②　歴史を学ぶ基本について理解しておきましょう。
> 　　　ここでは、時代の名称と順序、元号と西暦、世紀などの基礎知識や、人物の働きや文化遺産を中心に学んでいくことについて説明します。

●結果のまとめ

　歴史の学習が終わった時点でいまの考えがどのように変容したのかをとらえることができるように、現時点の考えをノートに書き留めておきます。歴史に関する基礎的な知識についてはしっかり理解させます。特に縄文時代以降の各時代の時間的な長さを実感させるために等尺の略年表をつくると効果的です。

Q8 遊園地をつくっている途中で遺跡が出てきた。どうするか

関連単元	日本の歴史（縄文時代と弥生時代）	討論の形態	学級全体
テーマのタイプ	意思決定型（判断する思考）	所要時間	ショート

●事前の指導・実施場面

　青森県の山内丸山遺跡は野球場を建設している途中で発見されました。建物などの建設途中で遺跡が発見されることはたびたびあります。ここでは、こうした事例をもとに、遺跡を保存することの価値を考えさせます。楽しみにしている遊園地を早くつくってほしいと、法律にもとづいて調査しなければならないという2つの立場から討論させます。

●討論の進め方

> ① いま建設を進めている遊園地は、地元の人たちの「子どもの遊び場を早くつくってほしい」という願いにもとづいているものです。建設中の現場から、縄文時代と考えられる住居跡が見つかりました。
> ② さてどうしますか。子どもたちの願いを実現するために建設を続けますか。それとも、工事を中断して、遺跡の調査をしますか。調査には少なくとも2～4年はかかる見込みです。
> ③ 「建設を続ける」「建設を中断する」に分かれて、ある程度討論が展開したところで、次の資料を提示して、再度判断させます。
> 　「土地の所有者が出土品の出土等により貝づか、居住跡、古墳その他遺跡と認められるものを発見したとき、その現状を変更することなく、文化庁長官に届け出なければならない。」（文化財保護法96条／要約）

●結果のまとめ

　ここでは、自由に討論したあと、最終判断するときの基準の1つに法律があり、個人的な思いよりも法律が優先することに気づかせます。その法律は国民の選挙で選ばれた議員から構成される国会で決められたものであることをふり返ります。

Q9 豪族が大きな墓（古墳）を造ったのはどのような考えからか

関連単元	日本の歴史（古墳の時代）	討論の形態	学級全体
テーマのタイプ	意思決定型（想像する思考）	所要時間	ロング

●事前の指導・実施場面

　本テーマについて討論するまえに、古墳は3～7世紀に各地で勢力を広げた王や豪族の墓であること、大阪府堺市の大仙（仁徳陵）古墳は日本最大であること、古墳からは勾玉や土器、はにわなどさまざまなものが出土していることなどを押さえておきます。これらの具体的な知識をもとに、大きな古墳を造った目的や理由について自由に想像し、自らの考えをもって討論します。

●討論の進め方

> ① 豪族はどのような考えから大きな古墳を造ったのでしょうか。
> 　（例）・豪族はみずからの権力の強さを周囲の豪族や人々に見せつけようとしたのではないか。
> 　　　　・豪族が亡くなってからも、力の強さを維持しようとしたのではないか。
> 　　　　・まわりの人たちが古墳に葬られた豪族を慕っていたのだと思う。
> 　子どもたちが想像したことを確かめる資料はありません。ここでは、自由に想像する楽しさを味わわせます。
> ② 自分たちが想像したことを「豪族への手紙」という形式で、これまでの考えをまとめてみましょう。

●結果のまとめ

　歴史学習において、「どのような」「どのように」といった、事実を確認したり過程を調べたりすることは資料などにもとづいて立証的に学習できますが、「なぜか」「どのような考えで」に関しては資料がない場合があります。

Q 10　お札に聖徳太子の肖像が使われているのはどうしてか

関連単元	日本の歴史（聖徳太子の時代）	討論の形態	学級全体
テーマのタイプ	価値判断型（類推する思考）	所要時間	ロング

●事前の指導・実施場面

聖徳太子の肖像は1万円札や5千円札、千円札などに使われてきました。聖徳太子の業績について調べるまえに、聖徳太子に親しみをもたせ、これからの学習への問題意識につなげるため、本テーマを提示して討論します。

なお、近年、聖徳太子に対して「厩戸王（うまやどのおう）」という言い方をされることもあります。

●討論の進め方

---
① 旧千円札の紙幣を示して「この肖像画は誰ですか」と問い、聖徳太子であることを押さえます。
② 聖徳太子の肖像がお札に使われたのはどうしてでしょうか。
　（例）・聖徳太子は多くの人に親しまれる人柄だったからではないか。
　　　・聖徳太子はいまにつながるような業績を残したからだろう。
　　　・聖徳太子の名前が語り継がれてきたからだと思う。
③ 確かな理由は明らかになっていませんが、いろいろな理由が考えられることを確認して、これから聖徳太子の業績について学習していくことを予告して、討論を終了します。

●結果のまとめ

本テーマによる討論を、「聖徳太子はどのような国づくりを目指したのだろうか」という学習問題を設定する際の導入場面に位置づけることができます。その際、「お札の肖像画にまでなった聖徳太子は、どのような業績を残したのだろうか」と、印象的な問題文にすることもできます。

Q 11 奈良時代の農民は大仏の造営をどう受けとめていただろうか

関連単元	日本の歴史（聖武天皇と奈良の大仏）	討論の形態	学級全体
テーマのタイプ	意思決定型（科学的な思考）	所要時間	ロング

●事前の指導・実施場面

　奈良の大仏造営は、聖武天皇の詔にもとづいて造営されたものです。造営に当たっては、完成までに延べ260万人以上の渡来人や農民などが動員されたと言います。ここでは、当時の農民が大仏の造営にいやいや参加したのか。それとも喜んで参加したのか。いずれだったのかについて討論します。

●討論の進め方

> ①　本テーマに対して、代表的な2つの意見を提示します。
>
> | 農民たちは、聖武天皇の詔を読んで、誇りをもって参加していたと思う。 | 農民たちは、自分たちの仕事もあり、喜んで参加していなかったと思う。 |
> |---|---|
>
> ②　これらの意見に対して、どう思いますか。
> 　（例）・農民は詔に書かれていたことを読むことができたのか。
> 　　　　・読める人が口コミで広げれば、伝わっていく。
> 　　　　・大仏づくりに関わることが誇りにつながったのだと思う。
> 　　　　・つらい仕事に進んで参加したとは考えられない。
> 　　　　・教科書には、このことを確かめる資料がない。

●結果のまとめ

　想像したことを立証するためには、確かな資料が必要です。農民に関する資料はほとんど残っていません。想像したことと資料で確かめたことを区別して討論の結果をまとめさせます。

Q 12　いまに伝わる平安時代の文化に何があるか

関連単元	日本の歴史（平安時代の文化）	討論の形態	学級全体
テーマのタイプ	概念獲得型（総合化する思考）	所要時間	ロング

●事前の指導・実施場面

　伝統や文化は伝承されてはじめて意味をもちます。平安時代の貴族の生活や文化について調べ、平安時代には日本風の文化が生まれたという特色について押さえます。そのあと、本テーマを示し、文化をとおして当時といまの結びつきを考えさせます。

●討論の進め方

> ①　これまで平安時代に貴族が生みだした文化について調べてきました。それらのうち、いまに伝わっているものに何がありますか。
> 　ここでは、「文化」について、文字、行事、食べ物、建物など具体的な観点から捉えなおし、分担して調べます。
> ②　調べたことを発表し、いまに伝わる文化を多角的に討論します。
> 　（例）・文字（平仮名、片仮名、源氏物語や枕草子などの文学作品）
> 　　　　・行事や楽しみ（七夕、月見、囲碁、琴、小倉百人一首など）
> 　　　　・食べ物（正月のお節料理など）
> 　　　　・建築（平等院鳳凰堂、中尊寺金色堂など）

●結果のまとめ

　室町文化に対して、いまの生活様式のルーツだと言われていますが、平安文化のなかにも、現在まで受け継がれているものがあります。文化について多様な視点で多角的に討論させることが、伝統文化を保護・継承していく意味を考えさせることになります。ここでの討論のポイントは、身の回りに目を向けさせ、平安時代の文化がいまに継承されていることに気づかせることです。

Q13　鎌倉幕府を京都から遠く離れた鎌倉の地につくったのはなぜか

関連単元	日本の歴史（鎌倉幕府）	討論の形態	学級全体
テーマのタイプ	事実習得型（基礎知識の確認）	所要時間	ロング

●事前の指導・実施場面

　源頼朝は、それまで都のあった京都から、東に約400キロメートルも離れた鎌倉の地に幕府を開きました。鎌倉と京都との位置関係を確認すると、子どもたちから「どうしてこんなに離れたところに、どうして幕府をつくったのだろうか」という疑問が出されます。これを受けて、本テーマを提示します。

●討論の進め方

① 　1183年ごろの源氏と平氏の勢力範囲と、源氏が平氏を西に追い詰めていった進路を示した地図を提示して、テーマについて討論します。
　（例）・鎌倉は源氏にとってゆかりの地であった。
　　　　・関東の各地には、源氏のために戦った武士が大勢いた。
② 　鎌倉周辺の地形図を見て、テーマについて再度討論します。
　（例）・鎌倉は地形条件から見て、敵から守りやすいところである。
　　　　・京都から離れていたので、朝廷や貴族の影響を受けにくい。
③ 　歴史的、地理的な観点から意見が出されたあと、「源頼朝は鎌倉の地でどのような政治を押し進めたのかをこれから調べましょう」と課題を提示して、討論を終了します。

●結果のまとめ

　鎌倉の地形を調べていくと、必ず切通しが登場します。ここでは、切通しとは何か。どのように分布しているか。どのようなところにつくられたのか。またどのような役割を果たしたのかなど、切通しについて地図や写真などを活用して丁寧に調べ考えさせることもできます。

Q14 いまに伝わる文化のルーツは室町時代にあると言ってもよいか

関連単元	日本の歴史（室町文化）	討論の形態	学級全体
テーマのタイプ	価値判断型（関連づける思考）	所要時間	ショート

●事前の指導・実施場面

室町時代に生まれた文化に関して、建造物や絵画、茶の湯や生け花、能などについて調べたあと、本テーマを提示して討論します。ここでは「室町文化はいまも受け継がれていること」ではなく、「いまに伝わる文化のルーツは室町時代にあるのか」を考えさせるところにポイントがあります。

●討論の進め方

① 室町文化はいまにも受け継がれていますね。現代の文化のルーツは室町時代にあると言ってよいでしょうか。
   （例）・いまでは、ふすまや違い棚のある部屋が見られなくなってきました。受け継がれているとは必ずしも言えない。
   ・趣味で、生け花や茶の湯を楽しんでいる人はいるが、生活のなかに根づいていると言えるか。
   ・現在の文化は、すべて室町時代に生まれてものだけではない。平安時代の文化も一部見られる。
② 「逆は必ずしも真ならず」という言葉があります。「室町→現代」は成り立っても、「現代→室町」は必ずしも成立しないことを確認します。

●結果のまとめ

室町文化は「現在にも伝わっている」と言われますが、実際には、家のなかのつくりも大きく変わってきており、茶の湯や能などに触れる機会もほとんどありません。「多くの人に親しまれている」といっても実感がもてないのが現実です。地域の人の協力を得て体験的な活動を組み入れるとよいでしょう。

Q15 信長と秀吉と家康のうち、天下統一に最も貢献したのは誰か

関連単元	日本の歴史（戦国時代）	討論の形態	学級全体
テーマのタイプ	意思決定型（選択する思考）	所要時間	ショート

● 事前の指導・実施場面

　信長と秀吉と家康の３人の武将の業績を調べたあと、本テーマを示します。のちにつくられた「織田がつき、羽柴（秀吉）がこねし天下もち、すわりしままに食うは徳川」の狂歌を参考にして、１人の武将を選択します。武将ごとに３つのブロックに分かれて、全体で討論します。信長と秀吉の２人から選択させる方法もあります。選択した理由を説明できるよう助言しておきます。

● 討論の進め方

> ① 信長と秀吉と家康のそれぞれの立場から、選択した理由を述べます。
> 　（信長）・さまざまな政策をつくって、統一への土台をつくった。力仕事をしたから。
> 　（秀吉）・1590年に、実際に天下を統一したから。検地をはじめて全国的に行った人だから。
> 　（家康）・征夷大将軍になり、江戸幕府を開き、戦国時代を終了させたから。
> ② このあとは、意思表示した挙手にもとづいて指名し、相手の考えの不十分さを指摘したり、自らの考えの合理性を述べたりしながら、できるだけ根拠のある討論を深めていきます。

● 結果のまとめ

　ここでの討論では、誰か１人に結論づけることはしません。見方や基準によってはいずれの人物を選択することもできます。年表には「1590年に秀吉が天下を統一した」と書かれている事実を確認します。

Q 16 江戸幕府は鎖国をしてよかったか。すべきではなかったか

関連単元	日本の歴史（江戸幕府）	討論の形態	学級全体
テーマのタイプ	価値判断型（仮説の思考）	所要時間	ロング

●事前の指導・実施場面

　まず鎖国とはどのような歴史的事象だったのかを調べさせます。そのうえで鎖国したことに対して、どのようなメリットとデメリットがあったのかを考えさせます。これらのことを踏まえて、本テーマについて討論します。

●討論の進め方

① 次のような考えに対して、自分の立場を明確にしなさい。

> 鎖国をしてよかった。国内の産業が盛んになり、道路も整備された。外国から攻められることもなかった。

> 鎖国はすべきではなかった。鎖国をしたことによって、広く外国の優れた文化や技術が入ってこなくなってしまった。

② 2つに分かれ、想像力を働かせて討論しましょう。
　（例）・キリスト教の宣教師の出入りが制限されたために、鎖国は幕府の力を維持することに役立ったのではないか。
　　　・鎖国をしていなければ、外国の影響を強く受けて、幕府が早く滅んだかもしれない。

●結果のまとめ

　「もし鎖国をしていなかったら」と、仮定のことを考えることには異論があるかもしれないが、自由に想像することにより歴史にロマンを感じることができます。

Q 17　黒船の来航を当時の人々はどう受けとめたのか

関連単元	日本の歴史（黒船の来航）	討論の形態	学級全体
テーマのタイプ	事実習得型（基礎知識の確認）	所要時間	ショート

●事前の指導・実施場面

　1853年、アメリカ合衆国の使節ペリーが4隻の軍艦を率いて浦賀（神奈川県）に、日本に開国を求めてやって来ました。こうした事実を年表やペリー上陸の写真、フィルモア大統領の手紙などをもとに調べます。そのあとに、本テーマを示して討論します。

●討論の進め方

---

① 黒船が来航したことを当時の人々はどう受けとめたのでしょうか。
　（例）・鎖国中だったので、追い返そうと大騒ぎした。
　　　　・大型の蒸気船だったので、アメリカの技術にびっくりした。
　　　　・日本を攻めてきたと思い込み、逃げまどったと思う。
　　　　・日本人のなかには外国人に興味をもっていた人もいただろう。

② 黒船が来航したことがきっかけになって、日本の社会はその後どう変わりましたか。年表を見て、その後の動きを確認しましょう。
　（例）・翌年、ペリーは再びやって来た。
　　　　・日米和親条約を結び、日本は開国した。
　　　　・200年以上続いた鎖国の状態が終わった。

●結果のまとめ

　歴史学習において、当時の人々の思いや心情を想像させることは歴史に対して興味・関心をもたせるうえで効果的です。本テーマに関して、当時「老人や女・子どもたちをたちのかせ、家の道具類を運び出すのに、戦場のようなさわぎ」だったというエピソードもあります（『日本の歴史』読売新聞社）。

Q 18 明治維新のころ生活が西洋化したというが、何が変わったのか

関連単元	日本の歴史（明治維新）	討論の形態	グループ
テーマのタイプ	事実習得型（基礎知識の確認）	所要時間	ロング

●事前の指導・実施場面

　明治維新に関する学習事項の1つに「文明開化」があります。西洋から文化や生活習慣が取り入れられ、人々の生活が大きく変わりました。ここでは、生活がどのように変わったのか、具体的な事実（知識）を確認するために討論するものです。グループごとに課題を分担し、その後討論によって共有します。

●討論の進め方

> ①　明治維新になって人々の生活はどのように西洋化したのでしょうか。生活とは「衣、食、住、通信、交通、教育」のことです。まず、各グループで1つの観点を選択して具体的に調べましょう。
> ②　調べたことを発表し、当時の生活について総合的に討論しましょう。
> 　　ここでは、子どもたちが発表したことを教師は観点ごとに整理して板書していきます。
> ③　生活は西洋化しましたが、変わらなかったことはありませんか。
> （例）・建物や食べ物などの西洋化は東京の一部の地域で広がったが、全国にはすぐに広がらなかった。
> 　　　・着るものなど外見は変わったが、人々の意識はすぐに変わらなかったのではないか。

●結果のまとめ

　文明開化と聞くと、子どもたちは全国的に一斉に広がったととらえがちです。全国に広がっていくには時間がかかったこと、人々に染みついた封建時代の意識や考え方などはすぐに変わらなかったことを押さえます。

Q 19 条約改正を達成させたのは誰か

関連単元	日本の歴史（条約改正）	討論の形態	学級全体
テーマのタイプ	価値判断型（関連づける思考）	所要時間	ロング

●事前の指導・実施場面

　幕末に結んだ不平等な条約が完全に改正されたのは1911年のことです。幕府が欧米の国々と通商条約を結んでから、50年以上がたっています。50年の間には改正に何度も失敗したことなど「条約改正の歩み」を年表で調べます。そのうえで、条約改正に貢献したのは誰かをテーマに討論します。

●討論の進め方

> ①　条約改正に貢献したのはどのような人たちだったのでしょうか。
> 　（例）・欧米に派遣された岩倉具視や大久保利通ら
> 　　　　・領事裁判権を廃止させた陸奥宗光
> 　　　　・関税自主権を回復させた小村寿太郎
> 　ここでは、これらの人たちの並々ならぬ努力があって条約改正に成功したことを押さえます。
> ②　条約改正を実現させたのは誰だと言えますか。
> 　（例）・陸奥宗光と小村寿太郎の２人だと思う。
> 　　　　・最終的に達成させたのは小村寿太郎。
> 　それぞれの人物の業績があったことをふり返り、長い間の努力の成果であることを確認します。

●結果のまとめ

　条約改正が実現するまでには、さまざまな人たちの努力とともに、1886年に起こったノルマントン号事件、イギリス風の鹿鳴館の建設、日清、日露の戦争の勝利などの出来事が影響したことを押さえます。

Q 20　「わが国の国際的な地位が向上した」とはどういう意味か

関連単元	日本の歴史（世界に歩み出した日本）	討論の形態	学級全体
テーマのタイプ	事実習得型（基礎知識の確認）	所要時間	ロング

●**事前の指導・実施場面**

　大日本帝国憲法が発布された以降の世の中の様子を調べ、「わが国は国際的な地位を向上させた」という概念的な知識を獲得します。ここでは、概念的な知識を示して具体的な知識（歴史的事実）で説明させるために、本テーマを提示して討論します。

●**討論の進め方**

① これまでの学習から、わが国は国際的な地位を向上したことを学びました。このことを説明するために必要な具体的な知識を出し合い、討論しましょう。概念の周囲に事実を書き入れていきましょう。

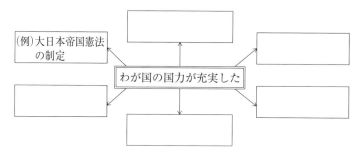

② それぞれの事実が、どうしてそれがわが国の国際的な地位を高めたことにつながっているのですか。

●**結果のまとめ**

　事実と概念の関係には「事実→概念化」と「概念→具体化」の２つがあります。ここでは後者の観点から学習成果をまとめさせています。知識を構造的・関連的にとらえることは社会を理解・認識するうえで重要な手続きです。

Q 21　子どもたちは疎開先でどんな気持ちで生活していたのだろうか

関連単元	日本の歴史（戦争中のくらし）	討論の形態	学級全体
テーマのタイプ	価値判断型（関連づける思考）	所要時間	ロング

●事前の指導・実施場面

　空襲が激しくなると、都市部の学校では、子どもたちが親元を離れて地方の寺や旅館などに集団で疎開しました。学童疎開の実態を資料などで調べたあとに、本テーマを提示します。子どもたちの気持ちを想像させることをとおして当時の社会状況について考えさせます。

●討論の進め方

---

① 疎開先での「食事のメニュー」や「生活表」の資料を見て、学童疎開先での生活の様子を調べましょう。
　（例）・量は少なく、ご飯と味噌汁だけの日もあった。
　　　　・食べる量は少なかったが、感謝して食べていた。
　　　　・勉強する時間もあり、規則正しい生活を送っていた。
② 子どもたちは疎開先でどんな気持ちで生活していたのでしょうか。討論しましょう。
　（例）・親元を離れて、さみしかった。早く帰りたいと思っていた。
　　　　・戦争が早く終われば、帰れると思っていた。
　　　　・戦争中だから、我慢しなければならないなど。

●結果のまとめ

　近年、学童疎開に実際に行った人から話を聞くことは段々困難になってきました。もし可能であれば、討論のあとに実際はどうだったのか、話を聞くとよいでしょう。戦争を意識しながら生活していたこと、ぜいたくな生活を我慢していたことなど、当時の社会状況と関連づけて考えさせます。

Q 22 東京オリンピックのころ、日本はどのような社会だったか

関連単元	日本の歴史（戦後の日本）	討論の形態	学級全体
テーマのタイプ	概念獲得型（総合化する思考）	所要時間	ロング

●事前の指導・実施場面

　まず、戦争が終わってから東京オリンピックが開催されるまでのあいだの出来事を年表で確認し、その出来事について資料などでさらに詳しく調べます。これらの学習を踏まえて、本テーマを提示し、討論します。

●討論の進め方

> ① 戦後、どのような出来事がありましたか。
> ・1946年に日本国憲法が公布された。
> ・1951年にサンフランシスコ平和条約が結ばれた。
> ・1956年に国際連合に加盟した。
> ② このころは、どのような時代だとまとめられますか。
> 　（例）・わが国が国際社会に復帰した時代など。
> ③ 東京オリンピックが開催されたころ、どんな出来事がありましたか。
> 　（例）・東海道新幹線や高速道路がつくられた。
> 　　　　・テレビや電気洗濯機などの電化製品が普及した。
> 　　　　・産業が急速に発展したなど。
> ④ 東京オリンピックが開催されたころはどのような時代と言えますか。
> 　（例）・オリンピックで日本人の心が１つになった。
> 　　　　・産業が成長し、生活が向上した時代など。

●結果のまとめ

　討論をとおして、具体的な出来事をもとに時代の特色を言い表すようにします。主な出来事は用語の解説だけでなく、資料に当たって具体的に調べさせます。

Q 23 「わが国の歴史」の学習をとおして、どんなことを学んだか

関連単元	日本の歴史	討論の形態	学級全体
テーマのタイプ	価値判断型（意味の思考）	所要時間	ロング

●事前の指導・実施場面

　本テーマについての討論は「わが国の歴史」に関する学習の終末に実施します。ここでは、これまでの歴史学習で学んだことをふり返り、これからの自分の生き方に生かすようにすることがポイントです。

●討論の進め方

> ①　「わが国の歴史」を学んで、特に印象に残っていることはどのようなことですか。ここでは、社会の出来事のほかに、人物の働きや文化遺産に目を向けさせます。
>
> （例）・いつの時代も問題が起こると、人々は知恵を出して解決してきました。
> 　　　・歴史は昔のことだと思っていたのですが、いまの時代につながっていることに気づきました。
> 　　　・先人が建物など文化遺産を残したために、いまの私たちがそれらをもとに歴史を学ぶことができました。
> 　　　・歴史上の人物で最も印象に残っているのは、信念を貫いて日本にやって来た鑑真です。
> ②　友だちの考えも参考にして、歴史から学んだことを「意見文」にまとめましょう。

●結果のまとめ

　ここでは、単に知識だけでなく、自らの生き方と結びつけさせます。「意見文」は「歴史文集」として冊子にまとめることも考えられます。

Q 24　貴重な文化財になぜ落書きをするのか

関連単元	日本の歴史	討論の形態	グループ
テーマのタイプ	価値判断型（背景の思考）	所要時間	ロング

● 事前の指導・実施場面

　貴重な文化財への落書きがたびたび社会問題になっています。ここでは、落書き問題の背景や理由などを考えさせることにより、文化遺産のもつ価値に気づかせるとともに、文化財を大切にしようとする心情や態度を養うことをねらっています。

● 討論の進め方

> ① （落書きされた文化財の写真や報道している新聞記事などを示して）貴重な文化財に落書きする事件が起きています。どうして落書きをするのでしょうか。まずグループで討論し、話し合った結果をホワイトボードに書きなさい。
> ② ホワイトボードに書いたことを発表し、論点を整理しましょう。
> 　（例）・自分が来た足跡を残したい。悪いことと思っていない。
> 　　　　・文化財の大切さに気づいていない。
> 　　　　・悪ふざけでやっているのではないかなど。
> ③ 本テーマについて、学級全体で討論しましょう。

● 結果のまとめ

　討論のあとには、本テーマについての自分の最終的な考えをノートなどに書かせます。落書きの原因や理由などについて考えたあとに、「こうした落書きがなくなるようにするにはどうしたらよいか」を考え、ノートに書かせます。

　本テーマは道徳科の授業として行うこともできます。いずれにおいても、文化財や文化遺産は将来に残したい国民の貴重な財産であることに気づかせます。

Q 25　「わが国の歴史」を学んだことにどんな意味があるのか

関連単元	日本の歴史	討論の形態	学級全体
テーマのタイプ	価値判断型（総合化する思考）	所要時間	ロング

● 事前の指導・実施場面

　本テーマによる討論は、歴史学習の終末でこれまでの学習をふり返りながら行い、歴史を学ぶ意味を考えさせることにねらいがあります。歴史を学ぶ意味とは、ここではどうして歴史を学んできたのか。何のために歴史を学んできたのかということです。

● 討論の進め方

> ①　わが国の歴史を学ぶ意味について、次のような意見があります。これらのなかから、自分の考えに最も近いものを1つ選びなさい。
>   A：歴史上の人物の業績に学び、自分の生き方を考えるためです。
>   B：歴史のなかで起こった事柄を知り、多くの知識を得るためです。
>   C：わが国の歴史や伝統を大切にし、将来に伝えるためです。
>   D：過去の出来事をもとに、将来の社会のあり方を考えるためです。
>   E：そのほか（　　　　　　　　　　　　　　　　　　　）
> ②　選んだものごとにグループをつくり、全体で討論します。
> 　　ここでは、1つの考え方に収斂するのではなく、歴史を学ぶ意味を多様な観点から考えられるようになることを期待します。

● 結果のまとめ

　過去の歴史的事象といまの社会との結びつきを意識したり、現代の社会における歴史的事象の役割を理解できるようになると、歴史を学ぶ意味がわかってくるものです。抽象的な話し合いにならないよう、これまでの歴史の学習で学んだ具体的な事例などを出し合いながら討論させることがポイントです。

Q 26 つながりのある国の人々の生活にはどのような共通点があるか

関連単元	つながりのある国の人々の生活	討論の形態	学級全体
テーマのタイプ	概念獲得型（共通性の思考）	所要時間	ロング

●事前の指導・実施場面

　本テーマについての討論に先立って、まず、わが国と経済や文化などの面でつながりが深い国の人々の生活について、子どもに1か国を選択させて調べさせておきます。次に、調べた国ごとに生活の様子を発表させ、それぞれの国の人々の生活は多様であることや異なる文化や習慣を尊重し合うことの大切さを理解させます。これらの学習のあとに、本テーマを提示します。

●討論の進め方

> ①　つながりのある国の人々の生活にはそれぞれに違いがありました。では、生活の仕方や人々の考え方に共通点はなかったでしょうか。
> 　（例）・どこの国の人々も、健康で安全に生きたいと願っている。
> 　　　　・食べるものや食べ方は違っていたが、それぞれに食に対する文化をもっていた。
> 　　　　・伝統や文化を大切にしているところも共通している。
> 　　　　・住む場所や生活の仕方はそれぞれ違うが、どの国の人々もいまを一生懸命に生きているなど。
> ②　世界の人々とともに生きていくためには、どのようなことが必要でしょうか（これは次ページのテーマにつながります）。

●結果のまとめ

　討論のあとには、世界の多様な文化をもつ人たちとともに生きていくためには、相互に理解し尊重し合うことが基本であることを確認します。日本の文化や生活習慣との違いだけが強調されないようにします。

Q 27　異文化の人たちと付き合っていくためには何が大切か

関連単元	つながりのある国の人々の生活	討論の形態	学級全体
テーマのタイプ	意思決定型（判断する思考）	所要時間	ロング

●事前の指導・実施場面

　つながりのある国の人々の生活について調べ、発表させたあとに、世界にはわが国と文化や生活習慣の違う人々が大勢生活していることを確認します。今後、それらの人々が日本にやって来たりして、一緒に生活や仕事をするようになる時代が近々来ることを知らせます。こうした学習を踏まえて、本テーマを提示し、討論します。

●討論の進め方

---

① 　訪日する外国人が2,000万人を超えたこと、今後ますます増えていくことが予想されていることを知らせます。

② 　異文化の人たちを受け入れるためには、日本の社会をどこをどう変える必要があるでしょうか。

　（例）・道路標識を外国人が理解できるようにする。

　　　　・特に宗教には寛容な態度で接し、食べ物などは十分配慮する。

　　　　・わが国の固有な文化をわかりやすく伝えるなど。

③ 　異文化の人たちと付き合っていくために、私たちに求められていることは何でしょうか。

　（例）・文化や生活習慣の違いを認め受け入れる。

　　　　・コミュニケーションを十分にとるなど。

●結果のまとめ

　ここでは、日本人であることを自覚し、同じ人間として接することが基本であることを考えさせます。人としてのあり方が問われている問題です。

Q 28　わが国が発展途上国を援助するとき、どのようなことが大切か

関連単元	国際交流（発展途上国への援助）	討論の形態	学級全体
テーマのタイプ	社会発信型（提案する思考）	所要時間	ロング

●事前の指導・実施場面

　先進国として発展途上国への援助のあり方はこれまでたびたび話題になってきました。ここでは、子どもたちは募金活動などに参加した経験を生かして、さらにグローバルな視点をもって、かつ相手国の立場に立って、本テーマについて討論します。

●討論の進め方

> ①　発展途上国への援助の仕方について次のような意見があります。次のA～Dのなかから、あなたの考えに近いものを1つ選びなさい。
>
> | A　すぐに使えるように、機械や薬など現物を送る。 | B　ほしいものが買えるように、お金を集めて送る。 | C　ものをつくるための技術を教える。技術者を送る。 | D　日本に技術者を呼び寄せて養成し、帰国させる。 |
> |---|---|---|---|
>
> 　Aは物的援助、Bは金銭的援助、Cは技術援助、Dは技術者養成を重視しています。それぞれにメリットとデメリットがあります。
>
> ②　選んだものをもとに討論しましょう。その際、他の意見の問題点を指摘しましょう。

●結果のまとめ

　相手の立場で考えなければ、本当の援助にはなりません。相手国の実情やニーズを十分に把握することが援助の「はじめの一歩」です。

Q 29 地球の温暖化を防ぐために日本の果たす役割は何か

関連単元	わが国の国際貢献	討論の形態	学級全体
テーマのタイプ	意思決定型（グローバル思考）	所要時間	ロング

●事前の指導・実施場面

　地球の温暖化の問題はいまや待ったなしです。特に CO_2 の削減は喫緊の課題です。この問題はグローバルな視点から考えることが求められ、これからの日本の役割を考えさせるために恰好のテーマだと考えます。

●討論の進め方

---

① 地球の温暖化の原因について復習します。
　（例）・工場や自動車などからの二酸化炭素などの排出。
　　　　・森林の伐採などによる砂漠化など。
② 地球の温暖化を防ぐために、日本はどのような役割を果たしたらよいでしょうか。
　（例）・日本自らが二酸化炭素などの排出量を積極的に減らす。
　　　　・二酸化炭素を大量に排出する国の協力を得る。
　　　　・熱帯地方の森林伐採を止め、森林を回復させる。
　　　　・日本の環境保全に関する優れた技術を途上国に援助するなど。
③ 地球の温暖化問題は、日本だけが努力しても解決しません。世界のすべての国々が一致して取り組まないと、根本的な解決はできないことを考えさせます。

●結果のまとめ

　環境問題の解決に当たっては、グローバルな視点から考え、身近なところから行動することが基本です。本テーマについての討論のあとには、「温暖化問題の解決に向けて自分たちには何ができるか」を考えさせるようにします。

Q 30 中学校での社会科学習をどのように取り組みたいか

関連単元	1年間のふり返りと中学校への夢	討論の形態	グループ
テーマのタイプ	ブレーンストーミング	所要時間	ショート

●事前の指導・実施場面

　ここでのテーマは、6年の社会科学習の最終日に位置づけます。まず、これまでの社会科でどのようなことを学習してきたか。教科書やノートなどを見ながらふり返らせ、いろんなことを学習してきたことに対して充実感を味わわせます。そのあとに、中学校での社会科に対する夢を自由に語り合います。

●討論の進め方

> ① 中学校では「地理」「歴史」「公民」の各分野に分かれて、社会のことをより詳しく学習します。ここでは、教師が中学校の教科書を用意しておくとよいでしょう。
> ② 中学校では社会科学習にどのように取り組みたいですか。グループごとに自由に討論しましょう。
> 　（例）・小学校のように自分の意見をどしどし発表したい。
> 　　　・中学校では、小学校での学習を思い出しながら、さらに詳しく学びたい。
> 　　　・中学校では社会科の専門の先生から教えてもらえるので楽しみ。
> 　　　・僕は歴史が好きだから、さらに詳しく勉強したい。

●結果のまとめ

　討論のあとには、「中学校の社会科で勉強したいこと」というタイトルで、中学校の社会科に対する期待や夢について「意見文」を書かせます。書かせる際には、小学校での社会科学習との関連を意識させるとよいでしょう。

あ と が き

　わたくしの好きなテレビ番組に「討論番組」があります。テーマは、どうしても社会や政治の分野の問題が多いようです。討論番組がテレビにはじめて登場したころ、時間がたつのも忘れて食い入るように見たことをいまも思い出します。特に登壇者のあいだで論点が明確になり、討論が伯仲してくると一層面白くなります。つい引きつけられていきます。
　テレビ視聴しながら、登壇者の意見を理解するだけでなく、それに同意するか。反対するかなど、自分の立場を考えていることに気づきます。
　面白い討論には、いくつか要件があるように思われます。1つは討論のテーマです。AかBかなど対立軸が明確なものほど興味をもちます。番組において討論のテーマは番組の製作者によって設定されるのでしょう。授業では授業者が考えます。2つは登壇者の資質です。その人のもっている知識はもとより、説明力や人間性が大きく左右します。言い方に対して不愉快になることもあります。登壇者は授業においては、学級の子どもたちということになります。
　そして、3つは司会者の進行の仕方です。ある方向に導こうと策略したり、自由な発言を求めたり、さらにあえて対決させたりすることがあります。あまり恣意的ですと、嫌気がさすこともあります。この意味で、司会者は討論のキーパーソンだと思います。授業においては授業者です。授業者の姿勢や意図やねらいが討論に強く反映するということでしょう。

　　　　　　　　　　＊　　　　　　　＊

　近年、職員室で議論や討論することが少なくなったと聞きます。職員会議は協議するというより、報告、確認することが中心になってきたようです。わたくしが参加する校内研究会でも授業を観察して感じたことを述べ合うことが中心で、多様な考えなどを出し合いながら協議を深め、合意を形成していくという場面にはほとんど出会うことがありません。いずれの場でも会を進行する人がいるのですが、司会者というより、指名役、進行役になっています。
　教師のあいだで意見の違いが明確になり、一定の結論や方向性を示すことが求め

られるとき、多数決をとるという方法を取り入れることも少なくなってきたように思われます。意見が分かれたときには、校長の判断を求める。全体の雰囲気を察して、司会者が方向を指し示して合意を得るといった方法がとられています。良いか悪いかは別にして、きわめて日本的です。

　お互いの考えの足りないところや誤っているところを指摘する場面にもあまり出会うことはありません。「その考えはよいのですが」と認めつつ、考えを付け加えていく発言の仕方が多いようです。これは否定ではなく、受容や共生の姿勢によるものです。また、ＡかＢかといった善悪や優劣の二者択一の選択ではなく、それぞれのよさを取り入れて判断するといったバランス感覚が働いているのでしょう。

　このように見てくると、討論できる子どもを育てることは、子どもたちに民主主義の考え方や資質を根づかせることにつながるのではないかと思います。

　　　　　　　　　　＊　　　　　　＊

　平成32年度から完全実施される新学習指導要領が告示されます。ここでは学校教育の役割が問われています。学校は将来社会人として、よりよい社会の形成に参画できる資質・能力を育てることにあります。学校は、いわば社会への準備教育をする場だと言うことです。

　社会科は社会のことを理解・認識させる教科であり、社会人として求められる資質・能力を育てる中核に位置づく教科です。社会においては、社会の課題を見いだし、よりよい解決に向けてみんなで知恵を出し合うことが求められます。そこでは、多様な考えを出し合い、みんなで協議・討論しながら解決の方策を探ります。子どもたちに討論できる力をつけることは社会人として成長させるために必須の要件だと言えます。にもかかわらず、学校や社会において、自由かつ活発に討論する場面や機会が少なくなってきたように見えます。こうした現状が気になるのはわたくしだけでしょうか。

　執筆に当たっては、今回も妻の淑恵が資料の整理や文章の推敲などよき環境を整えてくれました。時には議論に加わってくれました。今回も感謝の気持ちを表したいと思います。

　　　平成29年2月　　　　　　　　　　　　　　　　　　北　俊　夫

○著者紹介

北　俊夫（きた・としお）

福井県に生まれる。
東京都公立小学校教員、東京都教育委員会指導主事、文部省（現文部科学省）初等中等教育局教科調査官、岐阜大学教授を経て、現在国士舘大学教授。

〔主著〕
『"知識の構造図"を生かす問題解決的な授業づくり』『社会科学力をつくる"知識の構造図"』『社会科・学習問題づくりのアイデア』『社会科の思考を鍛える新テスト―自作のヒント―』（明治図書出版）、『社会科　学習問題づくりのマネジメント』『なぜ子どもに社会科を学ばせるのか』『こんなときどうする！学級担任の危機対応マニュアル』『言語活動は授業をどう変えるか』『若い先生に伝えたい！授業づくりのヒント60』（文溪堂）、『食育の授業づくり』（健学社）ほか多数。

〔共著〕
『アクティブ・ラーニングでつくる新しい社会科授業』（学芸みらい社）、『新社会科授業研究の進め方ハンドブック』（明治図書出版）、など。

新社会科討論の授業づくり
思考・理解が深まるテーマ100選

2017年4月1日　初版発行

著　者　北　俊夫
発行者　小島直人
発行所　株式会社 学芸みらい社
　　　　〒162-0833 東京都新宿区箪笥町31 箪笥町SKビル
　　　　電話番号 03-5227-1266
　　　　http://www.gakugeimirai.jp/
　　　　E-mail : info@gakugeimirai.jp
印刷所・製本所　藤原印刷株式会社
ブックデザイン　小沼孝至

落丁・乱丁本は弊社宛お送りください。送料弊社負担でお取り替えいたします。

©Toshio Kita 2017 Printed in Japan
ISBN978-4-908637-39-1 C3037